中國歷史之旅

# 從遠古至春秋

宋詒瑞 著

新雅文化事業有限公司
www.sunya.com.hk

# 目錄

# 導讀

　　中國，是一個有五千年歷史的文明古國。你一定很想知道中國的歷史是怎樣開始的？最早的中國人是怎樣生活的？為什麼我們自稱是「炎黃子孫」、「中華民族」，在這塊遼闊肥沃的土地上，發生過一些什麼樣事件？

　　早在遠古時代，我們的祖先已開天闢地，組織社會，再改朝換代。雖然這些都是靠人們口耳相傳的傳說，但卻讓我們知道：中國是從原始社會進入奴隸社會（夏商周），從禪讓制到世襲制，又從中央集權變成諸侯分割的春秋時代。夏朝已懂得灌溉並有青銅器。商朝有了較完備的文字、制陶和紡織。春秋末期人才輩出，思想活躍，形成百家爭鳴的局面。我們的祖先勤奮、聰明、勇敢，是值得我們自豪的。

　　新雅文化事業有限公司於1997年第一次出版《中國歷史之旅》系列，簡明有趣的說故事手法，一直深受小讀者的喜愛。如今重新出版，除了有精美的彩色插圖，還加入了「思考角」和「知多一點」兩大內容，跟小讀者分享對中國歷史故事的看法和觀點，一起思索前人的事蹟對我們有什麼啟示，還有延伸知識、談談一些典故的出處和古今意味等，希望小讀者們能以自己獨特的角度，細味中國歷史，論人論事。

# 1. 美麗的遠古神話

　　天地是怎麼形成的？人類是從哪裏來的？在古代，人們還沒有掌握科學知識之前，就憑想像編出了一些美麗而有趣的神話，來解釋天地和人類的起源問題。這些神話的內容雖然荒誕，卻告訴了我們：我們的祖先很早就相信人的力量是偉大的。你看，一個叫盤古氏的人開闢了天地，女媧氏又造了人和補了天，這不說明人比大地更偉人，勞動能創造一切嗎？

　　據說，在很久很久的遠古時代，天地不分，整個宇宙就像一個渾圓的雞蛋，混沌一片。在這個大雞蛋的中心，藏着一個叫盤古的人，是人類的始祖。

　　盤古在大雞蛋裏孕育了一萬八千年，他成熟了，像個小雞要破殼而出了。他睜開眼睛一看，四周黑糊糊的，什麼也看不見；而且憋得他氣透不過來。於是，他抓起一把巨斧①用力一劈，只聽得「咣啷」一聲，這個

**小知識**

①斧：也稱斧頭或斧子，砍竹、木等用的工具。頭呈楔形，裝有木柄，古代也作兵器用。

渾圓的東西被劈成兩半，其中輕而清的部分不斷上升，漸漸成為高高的藍天；重而濁的部分不斷下降，形成了廣闊的大地。盤古氏擔心天地會再度合一，他便頭頂天，腳踩地，撐着這剛開出的天地。天每天高一丈，地每天厚一丈，盤古的身體也每天長一丈，成為一個高大無比、頂天立地的英雄。

如此又過了一萬八千年，天荒地老，不會再合攏了，盤古氏的任務已經完成，他就倒在地上，死了。可是他的死也給後代留下無窮的幸福──他噴出的氣，變成了風和雲；他最終發出的叫喊，變成了雷霆；他的左眼成了太陽，右眼變成月亮，給大地帶來光明；他的四肢和身軀，變成了山嶽丘陵；他的肌肉，變成了泥土；他的血液變成了江海湖河，他的頭髮鬍鬚變成了樹木花草。盤古把這個天地變成了豐富多彩、美麗絕倫的世界。

但是，那時的天地間還沒有人類，空蕩蕩的。後來不知道又過了多少年，才出現了人類的另一個始祖，叫**女媧**①氏，她一個人生活在天地之間，感到很孤獨。

一天，女媧坐在水池邊，瞧見水中自己的倒影，她想：「如果這天地間能有一些像我這樣的生物，大家

一起説説笑笑過日子，那該多好啊！」她順手在池邊用水和泥，按照自己身體的樣子捏了一些小泥人。這些小泥人一着地，被風一吹，變成了一個個會跑會跳會説會笑的活人。女媧高興極了，她把他們稱為「人」。

女媧一個接一個地繼續捏泥人，捏得很累。她就摘下一根**藤條**②隨意地在泥漿裏拖了一下，誰知濺出的泥點跌落在地上，也都紛紛變成了小人。於是女媧繼續揮動藤條，製造了很多很多人。這些人圍在女媧身邊歡呼跳躍了一陣，便三三兩兩離開了。他們走向大地的各個角落，勞動、生活、繁殖後代，世世代代生存下來。

正當人們無憂無慮地在大地上生活的時候，災難突然降臨——支撐着天的四根柱子中的一根斷了，天塌了一角，露出一個大窟窿；大地給撞崩了，裂縫中不斷冒出烈火，森林起火了，鳥獸四散逃命；雨水冰雹

**小知識**

① **女媧**：傳説中亦説女媧是人頭蛇身的女神，神通廣大，一天能變化七十次。

② **藤條**：某些植物的匍匐莖或攀援莖，如白藤、紫藤、葡萄的莖，性柔軟堅韌，可以編製箱子、椅子等。

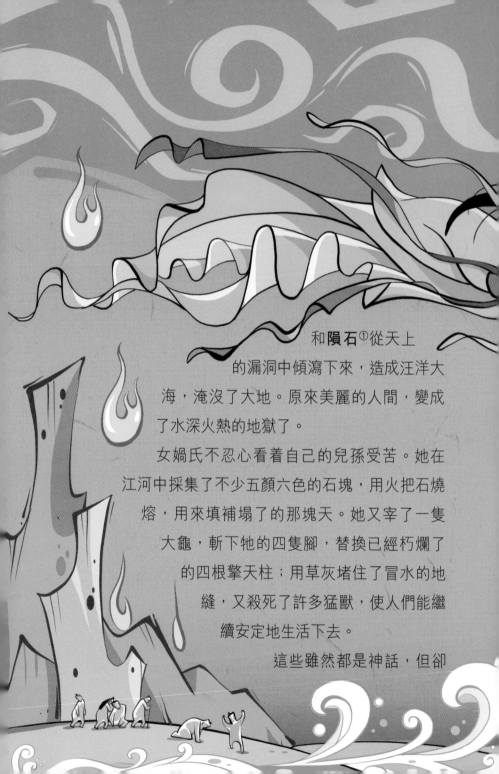

和**隕石**①從天上
的漏洞中傾瀉下來，造成汪洋大
海，淹沒了大地。原來美麗的人間，變成
了水深火熱的地獄了。

女媧氏不忍心看着自己的兒孫受苦。她在
江河中採集了不少五顏六色的石塊，用火把石燒
熔，用來填補塌了的那塊天。她又宰了一隻
大龜，斬下牠的四隻腳，替換已經朽爛了
的四根擎天柱；用草灰堵住了冒水的地
縫，又殺死了許多猛獸，使人們能繼
續安定地生活下去。

這些雖然都是神話，但卻

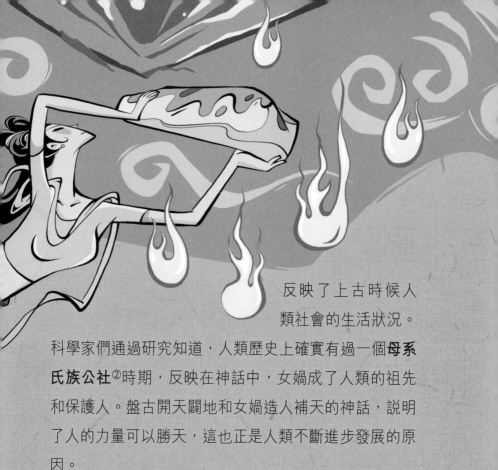

反映了上古時候人
類社會的生活狀況。

科學家們通過研究知道，人類歷史上確實有過一個**母系氏族公社**②時期，反映在神話中，女媧成了人類的祖先和保護人。盤古開天闢地和女媧造人補天的神話，說明了人的力量可以勝天，這也正是人類不斷進步發展的原因。

**小知識**

①**隕石**：流星在經過地球大氣層時，沒有完全燒燬的
部分掉在地面上的叫做隕星，含石質較多或
全部為石質的隕星就叫隕石。

②**母系氏族公社**：按照母系血緣組合的氏族公社，婦
女在氏族中居支配地位，子女只認
母親不知父親，也稱「母權制」。

關於宇宙天地的形成、人類的起源
除了我們中國的神話傳說之外，全
世界還有哪些説法呢？

世界各地各種宗教的人們都創造了關於宇宙和人類
起源的種種神話傳説。以下列舉了其中一些創世神話：

| | |
|---|---|
| 挪威神話 | 宇宙本是一個熾熱的和一個冰凍的大陸，巨人尤彌爾是最早的生命，死後他的身體造成了地球萬物。 |
| 波斯拜火教神話 | 至高之神阿胡拉創造了世界，並種下一棵大黃葉柄植物，最後成長為最早的一對男女人類。 |
| 巴比倫神話 | 天神惡戰中，女神提阿瑪特死後，身體不同的部分造成了天地和山脈。 |
| 埃及神話 | 最初世界是混沌的，天神嘴裏吐出一對男女來建立世界秩序，天神的眼淚則掉在地上成為一個個人。 |

| 古代墨西哥阿茲特克族神話 | 可怕的地球母親生育了月亮女神和四百個兒子，又生育了戰爭和太陽神，引起一場混戰。 |
| --- | --- |
| 日本神話 | 由神祇伊邪那岐和伊邪那美，在海洋中創造出日本島，並生育後代。 |
| 印度神話 | 宇宙由三神創立：梵天、毗濕奴和濕婆。其中梵天創造了萬物。 |
| 希臘神話 | 原始宇宙處於混沌狀態，大地女神蓋亞創造了眾神，其中普羅米修斯創造了人類。 |
| 猶太教和基督教的聖經記載 | 上帝在六天內創造了天地、行星、太陽、月亮和所有的動物，第七天造了伊甸園和亞當、夏娃，兩人偷吃了禁果，被貶為凡人，並孕育後代。 |

這些神話都認為宇宙原是一片混沌，這與現代天體科學家們的研究結論是相符的。至於人類及萬物的產生，因為古人找不到科學的原因，所以都認為是有天神在創造一切的，這在當時的條件下也是唯一可能的解釋了。

# 2. 越來越聰明的原始人

據考證，大約從一百七十萬年以前起，在中國的廣大土地上就有了遠古人類在活動。那麼，最早的中國人是怎麼樣的？他們住在哪兒？過着怎樣的生活？古代還沒有發明文字，現在我們只能根據世世代代流傳下來的種種傳說，以及考古學家從地下挖掘出來的大批古文物，來推測**史前時代**①人類的面貌和生活狀況。

事情要從本世紀初一位德國教授的研究工作説起。

1903年的某一天，德國的考古學家斯羅塞教授正在慕尼黑大學內他自己的辦公室裏埋頭工作着。

教授剛剛收到了一批來自中國的**化石**②，他正在逐一研究着。這批化石中，大部分是一些古生物的骨骼化石，教授在辨認後分門別類歸放好。忽然，一塊不大的化石吸引了教授的注意，教授一眼就看出，這不是普通的骨骼化石，這是一顆牙齒化石。教授把它拿在手中反覆端詳，用放大鏡仔細審察、他的心開始興奮得狂跳——他初步斷定，這是屬於上古人類的牙齒化石！

斯羅塞教授馬上把自己的發現告訴了其他幾位學

者，學者們研究後一致認為這是件極為重要的古文物，必須立即找出它的老家。他們組成了考察團來到中國，與中國的考古學家合作，經過多年的辛苦找尋，最終確定這顆牙齒化石的老家就在離北京不遠的周口店村。

1927年4月起，在周口店開始了有組織有計劃的考古工作。工作進展得十分順利，幾個月內就挖掘到古人類的門齒勾下幾顆發育不同的牙齒，以及一些破碎的成人頭骨、下顎骨等。兩年後考古隊的一項發現驚動了全世界——中國考古學家裴文中在周口店的一個洞穴中挖掘到一個相當完整的原始人頭骨，這在世界考古史上是一件罕有的大事。

在周口店發現的原始人頭骨，是屬於五十萬年前的原始人的，這種原始人前額後斜，眼睛深凹，鼻子寬大，顴骨突出，上顎外傾下顎後縮，跟猴子十分相

**小知識**

①**史前時代**：指沒有書面記錄的遠古時代。文字的發明不過是四、五千年前的事，在此之前的一段漫長的時期均稱為史前時代。

②**化石**：古代生物的遺體、遺物或遺跡埋藏在地下變成跟石頭一樣的東西，研究化石可以了解生物的演化並能確定地層的年代。

像，所以被稱為「中國**猿人**①」或「北京人」。由此證明五十萬年前，在中國境內就有原始人居住。在此之後，又在雲南發現了一百七十萬年前的元謀猿人遺骨，在陝西出土的藍田猿人，大約有八十萬年的歷

◀ 猿人

史。這些都證明了原始人是在中國境內原有的，並非像一些西方歷史學家所說，是由古埃及、巴比倫或是中亞遷移來的。

　　原始人是如何生活的呢？

　　從以上一些地方的洞穴中，除了發現原始人的遺骨之外，還挖掘出大量獸骨、木炭、灰燼、種籽、果核、石器和骨器等，由此可以推斷出：在相當長的一段時期內，原始人以漁獵為生，使用最簡單的石製工具如**手斧**②、石刀等獲取食物，不會熟食，過着「**茹毛飲血**③」的羣居生活。晚上，他們睡在毫無遮蔽的曠野，常受猛獸的滋擾，生存率很低。

　　後來，有人從樹上的鳥窩得到了啟發，教大家在樹上搭個小屋睡，人們尊稱這發明者為「有巢氏」。以

後人們又學會利用天然洞穴來居住，這樣更能防禦風雨寒熱和毒蛇猛獸的侵襲，居住安全稍有了保障。

　　人們觀察到雷電或火山爆發引起的大火不僅可以取暖、嚇跑野獸，而且被火烤熟的獸肉噴香可口、易於消化。可是，怎樣能取到火種呢？有人見到鳥用尖喙啄樹幹時會發出火光，就試着敲打**燧石**[④]，或用燧石來鑽一些堅硬的木頭，往往能生熱冒煙，迸出火星。火的使用是人類生活中的一次大飛躍，熟食使人們減少疾病，加速大腦發育；又使人們大大增強與自然抗爭的能力，所以人們尊稱發明取火的人為「燧人氏」。

**小知識**

①**猿人**：生存於約三百萬年至五、六十萬年以前。體形接近猿類，頭蓋骨低平，眉脊粗大，典型代表是北京猿人和爪哇直立猿人。

②**手斧**：舊石器時代初期的工具，把石塊敲打成一端尖銳一端鈍厚的扁形器，用以挖掘和砍伐。

③**茹毛飲血**：連毛帶血地生吃禽獸。「茹」就是吃的意思。

④**燧石**：俗稱火石，一種結晶體礦石，質地堅硬呈灰黑色，似刀般尖銳，敲擊時能迸出火星。

有人見到蜘蛛結網捕食，便模仿着用繩結成大網捕捉野獸和捕魚。捕來的鳥獸一時吃不完，便飼養起來。發明的人被稱為「伏羲氏」。

　　又有人發現掉在地上的穀子第二年會長出更多穀，於是人們就大量栽種，食糧有了保證。教人們種植的人被尊稱為「神農氏」。他還嘗遍各種植物，找出草藥來為人們治病。

　　後人把傳說中這些傑出的部落領袖稱為「皇」，「三皇」所指是誰說法很多，但他們的故事反映了原始社會裏生產力的發展和社會經濟的變化，也說明了我們人類的祖先在與大自然的鬥爭中，正變得越來越聰明，原始人正一步步向文明社會邁進！

文中提到在雲南發現的元謀猿人是一百七十萬年前的原始人。在這之後，好像還曾在多處發現了更早的原始人遺骨，究竟人類最早的發源地是在哪兒呢？

近年來按發現的時間順序來看，有以下幾件大事：

- 1974 至 1975 年，考古學家在非洲坦桑尼亞北部一條河畔，發現了距今三百多萬年前的早期人類遺骨化石，他們有靈巧的雙手可以採集果實和打獵。

- 2007 年法國古生物學家在中非查德發現「圖邁」人類頭蓋骨，距今有七百萬年歷史。

- 2015 年，美國亞利桑那大學研究隊宣布，在非洲埃塞俄比亞發現了距今二百八十萬年的原始人類的化石。

　　到目前為止，關於人類起源的問題在學術界仍沒有統一的看法。但是多數科學家認同的是：非洲大陸激烈的地殼運動造成東非山谷的大分裂，部分古猿只好從森林遷移到陸地生活，從在非洲發現的原始人類化石來看，可以說非洲是人類的發源地之一。

# 3. 涿鹿大戰

　　羣居的原始人漸漸形成一個個有血緣關係的氏族，氏族不斷擴大或合併，形成部落，幾個部落聯合起來成為部落聯盟，也叫部族。四千六百多年前，在我國黃河、長江流域一帶住着許多部落和部族，其中最強大的有三個：神農、有熊、九黎。他們之間為了爭奪居地，時時發生爭鬥。

　　在著名的涿鹿大戰之前，首先在黃河中游地區發生了一場小規模的戰鬥。

　　戰鬥的一方是神農部族，他們本來居住在黃河流域的西北方，首領就是神農氏，也稱炎帝。為什麼人們叫他炎帝呢？你看，「炎」字不是有兩個「火」字嗎？原來暗喻神農氏帶領大家燒荒開墾土地，播種五穀，所到之處就有烈火炎炎燃起。

　　神農部落的農產品很多，他們常常把多餘的糧食蔬菜拿出來交換，規定「**日中為市**①」，這是人類最早的商業活動。

　　可是，這一帶的荒地漸漸被開發完了，炎帝見黃河中游地區土地肥沃，取水也方便，便帶領族人向東南

遷移。誰知這一遷移卻引發了一場戰鬥。

炎帝和他的族人們來到黃河中游流域，見這裏的平原廣闊，水草茂盛，忍不住連聲讚歎：「好地方！好地方！」

眾人正在高興之際，只聽得身後響起一片吶喊聲，回頭一看，不禁大吃一驚：

只見黑壓壓的一大羣人，正向這邊飛奔而來。好嚇人呀，他們披頭散髮，臉上塗得五顏六色，赤裸着上身，腰間圍着樹葉編成的短裙，看來兇猛無比；更可怖的是，他們人人手裏舉着長長的棍棒，還有很多種不知名的武器，吶喊着、呼嘯着，直衝而來。衝在最前排的數十個人更是長得如猛獸一般的可怕。

炎帝見來者不善，趕快命令婦嬰老弱後退到安全地帶，青壯年就迅速組成隊伍迎戰。

可是，炎帝部族只有一些短柄的石刀石斧，只能用來在短距離內殺傷敵人，哪敵得過這批似猛虎下山的

**小知識**

①**日中為市**：人們到了太陽在天空正中的正午時候出來趕集，進行交換。因為古時尚未有鐘點的概念，只能以太陽的位置作標誌。

敵人？一經交手，神農部族就敗下陣來，死傷無數。炎帝不得不帶領族人停止了東進。

與神農交戰的那一方是誰呢？為什麼他們是如此兇猛呢？

原來這是住在東部的九黎族，他們的首領叫蚩 (粵音竊)尤，十分強悍。蚩尤有八十一個兄弟，個個具有猛獸般的身體，銅頭鐵額，能吃沙石，兇猛得很。九黎族佔有大批鹽地，為人們製造生活必需的食鹽，也用鹽來控制其他部族。他們又發明了煉銅製造武器，擁有刀戟弓**弩**①等各種各樣的兵器，正是如虎添翼，銳不可當，附近的部族都很懼怕他們。這次神農部族想來佔據九黎族的地盤，當然被打得落花流水，一敗塗地。

炎帝不甘心失敗，就跑到有熊部族去尋求援助。有熊部族居住在黃河流域中部，他們有一位傑出的領袖姓姬，名軒轅，人們又稱他黃帝，因為他是出生在黃土高原的緣故。黃帝聰明能幹，領導部族人民從事農業和畜牧業，所以很多部族都來依附他，勢力一天天強大起來。

炎帝來請黃帝幫忙去攻打九黎族，黃帝早就想為各部族除去這個禍害，便一口答應，聯合各部族，積極

準備人馬，制訂作戰方案，打算與九黎族決一死戰。

黃帝和炎帝帶領族人用堅硬的玉石磨製了許多尖銳的刀斧利器，又訓練了虎、豹、熊、羆②等猛獸；並把部隊分成幾個支隊，分別用虎豹熊羆命名。

炎黃部族和九黎部族的大戰終於在**涿鹿**③爆發了。

蚩尤和他的八十一個弟兄威風凜凜地站在隊伍最前列打頭陣。憑以往的戰鬥經驗，他們根本不把這炎黃部隊放在眼裏。

誰知，隨着一陣吶喊聲起，首先，從對面炎黃部隊中衝出一羣猛獸，向九黎部隊直撲過來。這批經訓練的猛獸已被餓了兩天，正是飢腸轆轆，一經放出籠就衝進九黎人中，張牙舞爪地見人就撲殺咬嚙。九黎部隊沒料到有這一着，頓時亂了陣腳，被猛獸撲倒無數。

**小知識**

① 弩：古代兵器，一種利用機械力量射箭的弓。

② 羆：粵音皮。熊的一種，哺乳動物，毛一般是棕褐色。掌和肉可以吃，皮可以做褥，膽可以做藥。

③ 涿鹿：相傳在現今山西省安邑附近，另有一種説法，認為即是現今河北涿鹿縣。

接着，虎豹熊羆隊的首領們披着獸皮，帶領隊伍也衝了上來大肆砍殺。九黎族人雖然野蠻兇悍，但也敵不過炎黃部隊這真假獸陣的凌厲攻勢，在這第一回合中敗下陣來。

　　蚩尤的弟兄中也死了好幾個，蚩尤氣得雙腳直跳。他想了一條計策：命令士兵放火燒樹林。因為當時天氣潮濕，林中的火一燒，形成了濃密的煙霧，蔓延好幾里路。

　　炎黃部隊正想乘勝追擊，忽見營地前一片白霧正悄悄包圍過來，不多一會，前面竟是一片白茫茫霧騰騰，不能辨別前進的方向。這大霧竟持續了三天三夜，弄得炎黃族人不但看不清敵人，就連自己人也互相失散了。

　　黃帝趕緊和幾位大將聚在一起，發明了一種**指南車**①，用它來認定蚩尤大本營的所在方向，發動了猛烈

**小知識**

①**指南車**：又名司南車，是根據磁石的指極性製造而成的一種小車，車上立着一個小人，無論車怎麼轉動，小人的手總是指向南方。

的進攻。

　　蚩尤和弟兄們正在營內喝酒取樂，為自己所製造的大霧洋洋得意，蚩尤揚言：「這下他們被困在霧裏動彈不得，再過兩天，等他們糧食也吃完，無路可走，我們就能輕易地把他們消滅乾淨！」

　　蚩尤萬萬沒想到，炎黃士兵已衝到他的大本營前。他的笑聲未停，就已經被打翻在地，作了俘虜。

　　黃帝砍了蚩尤的頭，把九黎族併入了黃帝部族。一部分不願投降的九黎殘部逃到南方沿海及海島上，成了黎族的祖先。

指南車▶

# 4. 中華民族的始祖——黃帝

涿鹿大戰後，黃帝的聲名大振。之後炎帝和黃帝部族也發生了衝突，他們激戰三天三夜，炎帝族大敗，合併入黃帝族，這個炎黃部族就是中華民族最早的雛形。黃帝成為部族聯盟的**共主**①，歷史學家把他說成是中國歷史上第一個能幹的領袖，是中華民族的祖先。

為什麼這樣說呢？

因為從各個方面來看，黃帝為日後中華民族的發展奠定了基礎，中國的疆域在黃帝時代較為確定，具備了國家的規模；中國的歷史從黃帝時代起也比較有系統了；中國的古代文明，大至社會制度、文字的創造，小至日常用品，也都在黃帝時代發明和產生了。

黃帝當了部族首領後，首先帶領大家改變了游獵生活，教大家建造房屋，在黃河流域定居下來。那時人們蓋房的材料已經不是樹葉樹枝，而是用木材、泥土和石塊了，這樣，房屋更為堅固耐用，改善了居住條件。在交通的方面，發明了輪子和車輛，造橋鋪路，使人們可以走向較遠的地方；為了便利黃河兩岸的交通，又發明了**獨木舟**②，用以渡河，或在河中行駛。在食的方

面，黃帝教大家馴養家畜，種植五穀，增加了食物的品種，並提高了質量。你們看，「家」字的造形不就是在屋頂下養着一頭豬嗎？說明當時飼養家畜是很普遍的，沒有養豬就不成其為「家」呢！

黃帝解決了人們日常生活的大部分問題，但還有一件事困擾着他，使他憂心忡忡，那就是人們的衣着問題。那天，黃帝和他的妻子嫘祖在樹林中散步，他見到落葉滿地，感歎地說：「眼看一天比一天冷，冬天就要來了，大家還只是用樹葉串起來披在身上，怎麼能抵禦寒冷？到時候不知又要凍死多少人呢！」

嫘祖是個聰明賢慧的婦人，事事支持丈夫，是黃帝的好幫手。她也緊鎖雙眉發愁：「你看，樹葉快要掉光了，採集葉子也變得越來越難！」

黃帝說：「總得另外想個辦法才行，可以用些什

小知識
①**共主**：部落聯盟推選出來的領袖。
②**獨木舟**：將樹木挖空做成的小舟，用槳划行。

麼來代替樹葉呢？」

嫘祖望着樹枝出神，忽然她想起了什麼，對黃帝說：「對了，有一次我看見一種蟲爬在樹上，真奇怪，從牠嘴裏不斷吐出一種又白又亮的細絲把自己緊緊纏了起來，我拉過這種絲，想不到它很堅韌，不容易斷。我們能不能用這種絲來做些什麼呢？」

黃帝一聽很感興趣，便叫嫘祖帶他去看看。他們來到一棵樹旁，見樹枝上有很多白色的繭，黃帝取下一個繭，抽出一根絲來看了看，大聲叫起好來：「我們可以用這種絲來做衣服穿！」

嫘祖把這種蟲叫做「蠶①」，她教婦女們養蠶繅絲，染色織布，把野蠶的絲織成五顏六色又輕又軟的綢緞和絹布。美麗的中國絲織品日後獨霸世界四千多年，所以人們尊嫘祖為「先蠶娘娘」。

除此以外，人們又學會了用泥土塑成坯，放在火中燒成各式陶器，用來盛水和儲物，這給生活上帶來極大的便利。當時的人們已經懂得音樂，發明了磬②、鼓等樂器，用竹子做的校音器能發出十二個音來調校各種樂器的聲音。人們還懂得用醫藥來治病，有一本叫《黃帝內經》的醫書流傳到現在，是中醫學的基礎理論書，

聽說是一個叫岐伯的醫生寫的。黃帝常常和岐伯討論醫術，所以醫術被稱為「岐黃」，中醫尊他們為醫學始祖。對人們生活影響最大的，要算是黃帝時代文字的發明了。以前，人們記事用兩種方式，一是結繩，遇到大事，就在繩上打個大結，小事就打個小結；另一種是在石頭、木片或獸骨上劃線，長線代表大事，短線代表小事。但是繩結和線條一多，也就記不清所代表的是什麼

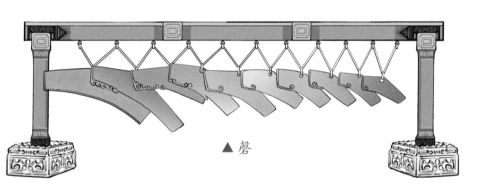

▲ 磬

事了。後來人們便用畫圖來表達意思，但是因為每人的畫法不一樣，容易產生誤會，也還是不方便。

傳説黃帝時代的一位史官倉頡從地面上留下的鳥爪和馬蹄印得到啟發，花了不少心思，把各地流傳的圖畫統一起來，創造了一套表達思想的符號，即為**象形文字**①，比如：⊙ 代表太陽，☽ 是月亮；河川是 〰，山是 ⾳。這樣一來，大家都能夠互相溝通了，可以用文字記載事情，互通信息，並由此發明了用算術計數及計算年月日的曆法。文字的發明使人們可以把知識和經驗完整地記錄下來傳播開去，從此人類文明的發展進入一個新時代。假如沒有文字，我們今天就根本不可能知道發生在四千多年前的這一切哩！

◀你知道這些象形文字是什麼意思嗎？

當然，這一切發明都不可能是某一個人在某個時代完全做到的，只不過是後人尊敬黃帝，所以把歷史上的許多發明都算在他的名下了。所有這些偉大的發明，解決了人類賴以生存的衣食住行問題，使社會突飛猛進，百姓開始過文明的生活。所以黃帝在中國歷史上受到無比的尊敬，直到今天，中國人一直把黃帝奉為始祖，稱自己是炎黃子孫。為了紀念這位傳說中的共同祖先、中華民族的傑出代表，後代人在現在的陝西黃陵縣北面的橋山上造了一座「黃帝陵」，每年有不少華人從海內外前來謁拜。

炎黃部族定居在地居四方之中的中原地帶，他們又全是華族，所以人們就把這地區稱為「中華」，它是中國文化的搖籃。後來中原文化擴展到全國各地，華族也和其他民族不斷融合，「中華」就成了代表中國的名稱，中華民族成了中國境內各民族的總稱。

**小知識**

①**象形文字**：描摹實物形狀所造出的字，「車」就畫一輛車，「馬」就畫一匹馬。

# 5. 勤儉愛民的堯

中國歷代帝王都是把王位傳給兒子，兒子又傳給孫子，至高無上的王權不落外人之手，只能祖傳。但是在上古時代的原始社會裏，卻出現過大公無私的「**禪讓制①**」是否意想不到呢？

黃帝在位一百年間，風調雨順，國泰民安，部族人民過着安居樂業的生活。黃帝之後，先後出現了四位部族聯盟領袖，史書上稱這五位共主為「五帝」，其中最後一位是十六歲的堯。

堯是一位勤儉愛民的好君主，他自己的生活十分樸素，住在用粗糙木頭架起的茅草屋裏，牆上連石灰也不塗；吃的是**糙米②**飯和野菜湯；穿的是粗麻布做的衣服，不穿到破爛不堪絕不丟棄；用的是土碗**陶缽③**。有人曾感歎説，恐怕連守門小吏過的生活也比這位君主好呢！

堯對老百姓非常關心。他親自耕田捕魚，和百姓一起勞動。他見到農民往往因掌握不好氣候而誤了農時，便制定了曆法，規定一年為三百六十五日，分為春夏秋冬四季，根據季節特點而安排農牧業生產，大大促

進了經濟發展。他關心百姓的疾苦，假如有一個人沒飯吃，堯就說：「這是我的錯，使他餓肚子。」假如有一個人挨凍，堯就說：「這是我的錯，使他沒衣服穿。」假如有一個人犯罪，堯就會說：「這是我的錯，沒有好好教導他。」他主動承擔一切責任，從不責怪別人。他還廣開言路，樂意聽取百姓的意見來改進工作。他在自己門口放了一面大鼓，誰都可以來敲鼓要求接見，說說自己的不同意見和新的主張。他又在門口立了一根木頭，凡是有人認為堯做錯了事，都可以立在木頭旁邊公開指責他的錯誤。堯就是這樣一位開明的賢君，所以百姓都很敬愛他。

不幸的是，堯在位的時候中國發生了多次大災。先是有一次大旱災，之後又是可怕的大水災，持續達

**小知識**

①**禪讓制**：就是帝王把王位讓給賢明、有才能的人，而不是傳給自己的子孫。

②**糙米**：稻穀脫了殼，而未舂的狀態，較白米粗糙。

③**陶缽**：用陶製成的盆狀盛器，通常被僧徒用來作食具，質地粗糙。

二十二年之久。天降暴雨，黃河流域供水泛濫，淹沒了莊稼，沖毀了房屋，造成很多人流離失所。堯心裏焦急萬分，召開議事會與各部族首領商量對策。大家一致推選了夏部族首領鯀（粵音滾）去治理洪水，因為他曾經在部族居地用堆土堵水的方法救過幾個地方的水災。可是鯀用了九年時間，沒能把洪水治服，因為他採用水來土掩的老方法，築了很多堤壩，被擋住的洪水轉湧到別處，又造成河道的淤塞，水災反而更嚴重了。儘管如此，老百姓對堯還是十分擁護。

堯在位七十年。到了八十六歲那年，他覺得自己年老力衰，要找一個繼位人了。百姓們希望堯把王位傳給他兒子，但是堯覺得自己的兒子丹朱不成材，應該把王位讓給更聰明能幹的人，不一定是自己的親人。堯召開議事會，並向各地發公告，要大家推薦理想的繼承人。後來大家推舉了才德兼備的舜，堯還鄭重其事地對他進行了嚴格的考驗，覺得滿意了，才把聯盟共主的職位讓給他。舜年老之後，也依照這個辦法，不把王位傳給兒子，而是傳給大家所推舉的禹。後人就把堯舜的這種禪讓行為稱為「天下為公」，一直傳為美談。

# 6. 忠厚孝順的舜

　　受到四方部落一致推薦為共主的舜，究竟是怎樣的一個人呢？

　　舜其實是個純樸厚道的農民。他的父親是個瞎子，母親在生下他不久後去世了。父親又娶了一個女子，生下兒子象。瞎爸爸寵愛這個好吃懶做的小兒子，不喜歡舜，總想找個機會把他害死，讓象一個人繼承財產。生性篤厚的舜對此一點也不介意，他非常孝順他的父親，對後母和弟弟象也很好。鄉里鄰居都知道舜的仁孝，名聲漸漸傳播開去。

　　堯聽了人們的介紹後，決定還要親自考驗一下舜，看看他是否真的如同傳說的那麼好，是否夠資格當繼承人。堯把自己的兩個女兒娥皇和女英嫁給舜，觀察他怎樣治家；又叫九個兒子和舜一起生活，觀察他怎樣待人處世；並派舜到各地去和百姓一起勞動。

　　舜帶了妻子到歷山腳下去種地。本來那裏的農民常為了爭奪土地而鬧不和，後來受了舜的德行的感化，大家變得豁達大方，互相謙讓田界，又能互助合作了。舜到雷澤去捕魚，不久，那裏的漁民也不再爭奪房屋和

漁場，而是和睦相處了。舜也很能幹，他去河濱燒製陶器，指導陶工改良製作方法，使那裏生產的粗劣陶器一躍而成為精美耐用的佳品。所以老百姓都願意跟隨他，他住的地方，一年就形成一個小村莊，兩年成了一個小市鎮，到了第三年簡直就是一座小城市了。

堯見到舜這麼出色，非常高興，便賞賜給他新衣服和一張琴，還派人為他建了**囷倉**①，送給他一羣牛羊。舜的瞎爸爸和異母弟弟象見到舜顯貴起來，十分嫉妒，便又起了壞心想害他。

瞎爸爸叫舜爬到囷倉頂上去修修倉頂，舜剛爬上去，象就抽掉梯子，放一把火燒穀倉。熊熊大火燃起來了，情勢很危急。好在舜的妻子早就識破這個陰謀，她們叫舜帶着兩個**斗笠**②上倉頂去工作。這時，舜就一手高舉一隻斗笠，好比長了兩隻翅膀，從高高的倉頂跳了下來，毫髮未損。

過了幾天，瞎爸爸叫舜去挖井。等他挖得很深了，就把泥土石塊倒進井裏，想活埋舜。他們沒想到聰明的舜已在井底另挖了一條小道，從這小道爬出來了。象以為這次舜必死無疑，就跑到舜的家，坐在舜的椅子上，叮叮咚咚彈起琴來。見舜安然回家，象大吃一驚，

假惺惺地說：「你怎麼挖井挖半天也不上來，急死我了！」舜一點也不責怪他，反而說：「好弟弟，你這樣關心我，真是一父所生的親兄弟呀！」

雖然發生了這些事，舜還是像過去一樣和和氣氣地對待父母和弟弟，於是他們也不敢再暗害舜了。

堯聽說了舜的這些事後，認為舜的確是個品德好又能幹的人，對他很滿意，就把治理天下的大權交給他，叫他到朝廷來做官，先後擔任過各種職務，舜都完成得很好，把政事處埋得井井有條，堯就放心地帶着一班人到各地去巡視。舜幫着堯治理國家二十年，這時堯已一百多歲了，從外地視察回來後，就把部族聯盟領袖的職權全部讓給了舜，自己退居一旁養老。舜即位八年後，堯去世了，舜正式當了聯盟共主。這時他已六十一歲，接受鍛煉整整有三十一年之久，可見堯在確定接班

小知識
①囷倉：貯藏穀物糧食的圓形倉庫，有兩、三層樓高。
②斗笠：用以遮陽光和雨的帽子，有很寬的邊，用竹篾夾油紙或竹葉等製成。

人時，是多麼慎重啊！

　　舜即位後，仍舊保持生活的儉樸和勤勞工作的本色。他回家鄉去探望父母時，對父母仍是十分孝順恭敬，又把弟弟象封作一地的諸侯。象被哥哥的仁愛寬大所感動，漸漸改去驕橫粗暴的劣性，成為一個有用的好人。

　　舜在位幾十年，和堯一樣努力工作，把天下治理得比堯在位時更好，為人民做了許多好事。到了年老時，他也和堯一樣，不把職位傳給只知享樂的兒子商均，而是傳給治水有功的禹。

　　舜晚年時，也到處去巡視。當他巡視到**蒼梧地區**①時，得病去世了。噩耗傳來，人民悲痛萬分，比死了自己的父母還要傷心。他的妻子娥皇和女英馬上奔喪到南方，一路不停地哭泣，傳說她們的眼淚灑在南方的竹林，在竹葉上凝成斑斑點點的美麗花紋，後人就叫這種有斑紋的竹為「湘妃竹」。人們把舜埋葬在蒼梧的九疑山，把他的墳墓叫作零陵。

**小知識**
①**蒼梧地區**：今廣西壯族自治區東北部和湖南省南部一帶。

# 7. 治水有功的禹

大禹治水的故事，大家已經**耳熟能詳**①了。大禹正因為治水有功，被舜定為繼承人，創立了中國歷史上第一個王朝——夏朝。

記得嗎？上文講過，堯在位的時候，黃河流域發生大水災，連續二十二年，堯派鯀去治水，徒而無功。舜代替堯治理國家期間去檢查鯀的工作，見到鯀對洪水束手無策，反倒浪費了大量人力物力，便把鯀處死了，命令鯀的兒子禹繼續治理洪水。

禹是個聰明勤勞的人。他奉命去治水時，剛結婚才四天。首先，他決定要進行實地考察，弄清楚水災形成的**來龍去脈**②。於是他帶領着大批助手踏遍了全國鬧水災的幾個地區，跋山涉水，測量地勢，樹立標誌，取

**小知識**

①**耳熟能詳**：聽的次數多了，熟悉得能詳盡地說出來。

②**來龍去脈**：山形地勢像龍一樣連貫着，本是迷信的人講風水的話，後來用以比喻人、物的來歷或事情的前因後果。

得第一手資料，再根據這些資料制訂治水方案。

　　吸取了父親鯀治水失敗的教訓，禹決定採用築堤堵水和疏通河道相結合的辦法來對付洪水。他在調查中發現在山西和陝西兩地之間有一溜高山正好擋住了黃河的去路，奔騰的河水流到這裏找不到出路就沖堤而出，四處泛濫成災，淹沒了大片土地。禹認為這是治水的關鍵，在這裏把山鑿一個缺口，替黃河找一條出路，滔滔黃河水就能通過缺口流向下游。他還見到很多河道因淤泥積聚而變窄，河水不易通過而成災，就領導大家疏通河道、開渠排水。就這樣，禹把父親的防堵法改為疏導法，讓黃河、長江、淮河的水順暢地流入大海，洪水問題就得到了解決。

　　治水過程中，禹事事親力親為，他帶着助手來到水災最嚴重的地方，和老百姓們一起幹。禹頭戴**箬帽**①(箬，粵音若)，身披**簑衣**②，拿着鍬子帶頭挖土。日子

**小知識**

①**箬帽**：箬竹，竹子的一種，葉大而寬，用箬竹葉編織的大沿尖頂帽叫箬，農民多用作防雨防日曬。

②**簑衣**：用草或棕毛製成的雨衣，無袖，似斗篷般披在身上。

一久，他的手掌和腳底長滿**老繭**①，腳趾甲都被水泡久而脫落，小腿上的汗毛也掉光了。他經常顧不得洗臉梳頭，蓬頭垢面地辛勤工作。吃的是粗糙的食物，穿的是補了又補的破舊衣衫，夜晚常常露宿野外，鋪些草葉作牀，過着極為艱苦的生活。

禹一共花了十三年的時間才把洪水治好。十三年中，他曾三次路過自己家門，都沒顧得上進去看看。第一次經過家門時，禹聽見新生兒子啟在哇哇地哭，他的助手都勸他進去看看，他多麼想去親親兒子啊，但為了不耽誤時間，他沒有進去。第二次經過家門口時，妻子抱着孩子站在門旁，孩子向禹揮手叫爸爸，禹只是深情地向他們揮了揮手。第三次經過家門時，兒子已是十歲出頭的大孩子了，跑過來把他往家裏拉，禹慈愛地摸摸他的頭髮，叫他告訴媽媽治水工作很忙，他沒空回家，又匆匆離開了。禹一心治水，三過家門而不入的事蹟一直被傳頌着，人們尊敬地稱他為大禹——偉大的禹。

禹不僅治好洪水，還指導人們如何利用水和上發展農業生產。他教住在低窪地區的百姓種植水稻；在那些離河較遠的乾旱地區，他教百姓鑿井取水灌溉莊稼，避免饑荒。他還教人們交換農產品，互通有無，促進了

市場交易。

舜年老時，將德才兼備的禹立為繼承人，舜病死後禹就正式接替聯盟首領的職位，這就是夏朝的開始。

那時，社會生產力有很大發展，人們生產的東西除了維持生活所需之外，有了剩餘。氏族、部落、部族的首領們就把這些剩餘產品作為自己的私有財產，財產多的人就成了貴族。另外，部落之間打仗時，捉了俘虜後不再殺掉，而是把他們當作奴隸，為貴族服役。這樣，原始的氏族社會瓦解了，開始了奴隸和奴隸主對立的奴隸社會。

為了掠奪更多的財富和奴隸，禹向南出兵，打敗了居住在那裏的苗族，俘虜了很多人當奴隸。這時，夏朝的勢力向南已達到長江流域。

為了更好管理全國的領土，禹把全國劃分為九個州，並用青銅鑄了九個大**鼎**②，來代表他所統治的九

**小知識**

①**老繭**：手、腳上因摩擦而生的硬皮，也叫作「趼」。

②**鼎**：古代以為立國的重器，多用青銅製成，三足兩耳，圓形，也有長方四足的。後來人們也用以作炊器。

州，這九個鼎就成了國家政權的象徵。

　　禹死後，兒子啟即位，開始了父傳子，兄傳弟的王位**世襲制**①。夏朝自公元前2070年開始，持續了四百七十年，統治中心在現今河南西部，勢力範圍達到黃河南北及長江流域。「夏」就成了中國或中國人民的總稱，「華夏」成了漢族的自稱。

**小知識**
①**世襲制**：指帝位、爵位等世代相傳的制度。

《朝代歌》是一種順口溜，版本很多，但大多提到「三皇五帝」。究竟「三皇五帝」具體指的是哪些人物？

　　三皇五帝，並不是真正的帝王，而是原始人進化過程中作出卓越貢獻的部落首領，後人追尊他們為「皇」或「帝」。當時教人鑽木取火煮食、發明結網捕獸進而飼養、教曉耕地播種取得食糧，這三項是人類向文明生活邁進最重要的步驟，因此燧人氏、伏羲氏、神農氏（也即炎帝）就被尊為三皇。五帝一般認為是傑出能幹的部族領袖黃帝、顓頊、帝嚳（以上三位都是世襲制繼位的），以及實行「禪讓制」的英明君主堯、舜。

《朝代歌》*

三皇五帝夏商周，　春秋戰國亂悠悠。

秦漢三國東西晉，　南朝北朝是對頭。

隋唐五代又十國，　宋元明清帝王休。

*《朝代歌》版本各有不同，以上一首較為普遍，僅供參考。《朝代歌》
　是一種順口溜，有助記憶中國各個朝代名稱。

# 8. 少康復國

禹臨死時，本來是選定了賢良的益繼位的，可是他的兒子啟不甘心，他暗中聯絡了一班心腹，殺了益，用武力奪了王位，由此開始了「**家天下**①」的局面。

夏啟死後，他的兒子太康即位。太康很不爭氣，整日喝酒取樂，不問政事。有一次甚至在外打獵一百天都不回家。

這時，黃河下游的東夷族漸漸強大起來了。他們的首領叫**后羿**②，是個出名的神箭手，他的野心很大，想奪取夏王的權力。見太康長期在外面打獵不歸，后羿就乘機出兵佔領了夏朝的首都**安邑**③。他自己還不敢做王，擁太康的弟弟仲康當了傀儡王，他掌握實權主宰一切。

后羿也是一個喜歡打獵玩樂的人，不善於管理國家大事，把大權交給親信寒浞。寒浞是個專會獻媚、野心勃勃的傢伙，他買通了后羿的家奴，把后羿灌醉後殺死，自己霸佔了后羿的家產，掌了大權。

再說傀儡王仲康由於行動不自由，抑鬱而死。他的兒子相不願和父親一樣當傀儡王，便逃出去投奔別

人。寒浞擔心日後相的勢力強大後會回來奪權，就派兵去追殺相。

相的妻子緡（粵音民）是有仍氏的女兒，這時正懷胎足月，尚未生產。相知道自己逃不過寒浞的手心，就傷心地對妻子緡說：「我是死定了的，不管我逃到哪兒，寒浞都不會放過我，你趕快逃回娘家，把孩子生下來，保下我們夏朝的根，以後一定要替夏朝報仇，伺機復國。」

緡捨不得離開丈夫，哭着要相和她一起逃跑。門外追兵已近，相見形勢危急，便拔出劍來自刎而死。緡見丈夫已死，傷心欲絕。但現在不是哭泣的時候，她牢記丈夫臨終的囑咐，要保住孩子為國復仇，設法逃命要緊。

**小知識**
①**家天下**：王位由父親傳給兒子或家人，不落外姓人的手中。
②**后羿**：傳說遠古時候天上有十個太陽，熾熱的陽光把大地曬得像個大火爐。於是后羿用箭射落了九個太陽，拯救了人類。
③**安邑**：現今山西省安邑縣境。

兵士已經在撞門了，她已經不能從前門出去，便立即跑到後牆，大腹便便的緡從一個狗洞艱難地爬了出去，逃到娘家有仍氏那兒。由於驚嚇和辛勞，當晚就生下了一個男嬰，取名少康，是禹的**玄孫**①，啟的**曾孫**②。

少康這孩子從小就很聰明，他母親見他會有出息，便在他懂事以後把他的家族史如實告訴他，祖父一輩太康如何荒唐失國，仲康如何抱恨早死，以及父親如何被寒浞手下慘遭追殺……，叮囑他長大後要為祖父和父親報仇，把國家大權奪回來。

少康立志要為家族復仇，他發奮圖強，為復興夏朝作準備。他先在外祖父那裏擔任畜牧官，一邊練習武藝，學習帶兵打仗的本領，長成為一位文武雙全的青年。

他還密切注意寒浞那邊的動向，對殺父仇人保持着高度警惕。果然，寒浞打聽到相有一個兒子在人間，就派人來搜捕他。少康早得到消息，趕快逃到舜的後代有虞氏那裏。

有虞氏部落的首領虞思見少康年青有為，便任命他為管理膳食的官，學習理財的本領。少康工作得很出色，為人正直忠厚，又聰明能幹，虞氏喜歡他，把女兒

嫁了給他，並給了他一塊方圓十里的地去治理，那地方上還有五百名上兵駐守。這樣，少康就有了恢復夏朝的根據地和武裝力量。

　　少康在當地關心百姓的疾苦，領導他們發展生產，很受他們愛戴。他還積極地為復國作輿論準備，他宣揚祖先夏禹的功德，把**流亡**③在外的夏朝舊官老臣們召集起來；又派人去朝廷刺探消息，摸清那邊的情況。等一切就緒後，少康便率領大軍，浩浩蕩蕩殺向夏都安邑。這時寒浞已死，少康殺了寒浞的兒子，奪回了政權，天下又回到了夏禹子孫的手裏。這件事，歷史上稱為「少康復國」或「少康中興」，從太康失國到少康復國，共約六、七十年的時間。

　　少康的兒子季杼也是個很能幹的人。那時，東部的夷族對少康復國很不甘心，常常出兵騷擾。他們的弓

**小知識**

①**玄孫**：曾孫的兒子。

②**曾孫**：孫子的兒子。

③**流亡**：因災害或政治上的原因而被迫離開家鄉或祖國。

箭功夫很厲害，殺傷力大，使夏朝軍隊蒙受極大損失。季杼就發明了一種打仗穿的護身甲，那是用獸皮做的，石刀砍不透，石製的**箭鏃**①穿不過。士兵穿了它，作戰能力大大提高。季杼因此能徹底打敗東夷，擴大了疆域。夏朝在季杼在位時達到最強盛時期，在他之後就一代不如一代，到了夏禹的第十四代孫子夏桀即位，因為他的腐敗和殘暴，使國家一蹶不振，夏朝終於斷送在這個敗家子的手裏。

從遠古到夏末的歷史，主要是後人根據傳說，追記下來寫在古書的，由於沒有當時的文字記錄，也沒有足夠的出土文物可印證，所以史學家稱這段漫長的歷史時期為「**傳疑時代**②」或「傳說時代」。

**小知識**

①**箭鏃**：箭的頭，用以殺傷敵人的部分。

②**傳疑時代**：夏朝以前的歷史是根據傳說記下來的，沒有文字可印證，人們即使存有懷疑，也據實一代一代地口述相傳下去，所以稱作傳疑時代。

# 9. 奴隸當宰相

在夏朝時，已普遍出現使用奴隸的情況。奴隸，是社會最低下的階層，他們一無所有，失去自由，供人奴役，受到最殘酷的剝削和壓迫，甚至還要做奴隸主貴族的**殉葬品**①。可是，你知道嗎？在商朝的歷史上，卻兩次出現了君主尊奴隸為**宰相**②的軼事，這説明了在廣大奴隸階層中，**藏龍臥虎**③，有不少傑出的人才呢！

商的祖先契曾幫助夏禹治水立了功，禹就賜他姓子，封他在**商地**④，子契在那裏建了個小國家，就叫商。

子契之後的幾代商王，都繼承父業，努力於民生建設。他們大力發展農牧業生產，發明了用牛來耕田和拉車，用馬來作坐騎去打獵和打仗，節省了很多人力，

**小知識**

①**殉葬品**：陪同死者一起埋入墳墓的人或物。

②**宰相**：封建王朝裏輔助君主掌管國事的最高官員的統稱。

③**藏龍臥虎**：比喻潛藏着人才。

④**商地**：今河南省商丘縣。

是人類生活中的一大進步。到了子契的第十四代孫商湯即位時，商族已是東方一個相當強大的部落了。

那時，夏王朝統治了大約四百多年。公元前十六世紀，正是夏朝最後一個君王夏桀在位。他是個出名的暴君，殘酷壓迫人民，殘暴對待奴隸；自己揮霍享受，不顧百姓死活，叫大家出錢出力，用七年時間為他造了一座白玉石的華麗宮殿；他的愛妃喜歡聽撕布的聲音，他就叫人把國庫中最好的布拿出來，一匹匹撕給她聽。誰要開口勸說他，就被他殺掉……夏桀的胡作非為使百姓們恨透了他，詛咒他早日滅亡。

商湯看到夏桀的腐敗，決心消滅夏朝，幫助他完成這事業的，是一個叫伊尹的奴隸。

伊尹是個傳奇性的人物。據說在東方的一個小部落裏，有一天一個採桑姑娘，在桑樹的樹洞裏發現了一個被人遺棄的嬰兒，她就把孩子抱回去交給部落首領，首領把孩子交給自己的廚子撫養，這個孩子就是伊尹。他長大後也當了廚子，燒得一手好菜。但他更有遠大的政治抱負，很有頭腦。他看到商湯的力量日益強大，很想投奔商湯為他服務。正巧商湯要娶這部落首領的女兒為妻，伊尹就自願作**陪嫁**①的奴隸，隨着新娘來到商湯

家裏。

　　商湯起初沒有發現伊尹是個人才，打發他在廚房裏幹活。伊尹為了要引起商湯對自己的注意，便想了個計策：他有時把飯菜做得十分可口；有時卻故意做得過鹹或太淡；商湯覺得很奇怪，就召他來問話。伊尹乘機指出：「做菜不能太鹹，也不能太淡，放鹽要恰到好處，菜才可口；治理國家也和做菜一樣，不能操之過急，也不能鬆弛懈怠，只有恰到好處才能把事情辦好。」商湯發現這個廚子是個少見的能人，便解除了他的奴隸身份，提拔他當了**右相**②。

　　伊尹得到重用後沒有辜負商湯對他的期望，他向商湯提出很多治國的建議，又幫他精心策劃了進攻夏朝的大計，當商湯被夏桀騙去囚禁起來後，伊尹又設法買通夏朝大臣把他救了出來。伊尹還建議商湯先逐一消

**小知識**

①陪嫁：即嫁妝。女子出嫁時，從娘家帶到丈夫家去的衣被、傢具和奴隸僕人等。

②右相：古代官名，君主設左、右丞相幫助他治理國事。

滅夏朝附近的一個個小部落，把勢力滲透到夏的統治地區。最後，於公元前1600年，商軍大舉進攻夏朝，夏桀的部隊潰不成軍，商湯追擊夏桀，一直追到**南巢**①，把他流放在那兒直到死去。

商湯自稱武王，定都在**亳**②，建立起中國歷史上第二個奴隸制國家——商。由於商湯本身是部落首領，是以貴族身份推翻夏朝的，所以也被稱為是中國歷史上最早的貴族革命。

商，是中國歷史上一個重要時期的開始。因為近幾十年來，考古學家在河南省的一些地方，先後挖掘出大量商代的文化遺物，這些文物與古代文獻相印證，所以從商朝起開始了中國的「信史時代」——可信的歷史的時代。

伊尹的故事還沒完哩！他幫商湯建立了商朝之後，又幫他制定了各種典章制度，規定官吏一定要勤勤懇懇地工作，要做出成績，否則會受到嚴厲的懲罰，甚至罰作奴隸。因此商朝初期官吏廉正，社會安定，經濟繁榮。

商湯死后，伊尹繼續輔佐第二代、第三代君主管理國家。後來，商湯的孫子太甲繼位，頭兩年他在伊尹

的幫助下，依照祖先規定的制度辦事，但是到了第三年他漸漸變了，變得追求享受，貪圖安逸，對百姓十分殘暴，由着性子做事，不想再讓伊尹管着他了。伊尹見規勸無效，便把他趕下台，放逐到商湯墓地所在地，讓他反省。守墓人天天給他講商湯創業的故事，太甲對比自己，很是悔恨，決心改正錯誤。三年後伊尹見太甲確實悔過自新了，就把他接回宮，把政權交還給他。之後，太甲果然認真治國、使商朝逐漸繁榮。

　　商朝從建國到滅亡，長達六百多年。最後的二百多年，商遷都到**殷地**③，所以商朝又叫殷朝，有時也稱為殷商。此時，青銅器冶煉技術已經到達很高的水平。他們用銅、錫、鉛做原料，冶煉製造無數斧、**鉞**④、**戈**⑤、

**小知識**

①**南巢**：今安徽省巢縣。

②**亳**：粵音博。今河南省曹縣南。

③**殷地**：今河南安陽西北面的小屯村。

④**鉞**：粵音月。古代兵器，青銅製，圓刃或平刃，安裝木柄，用以砍伐，形似斧。

⑤**戈**：古代主要兵器，橫刃，青銅或鐵製，裝有長柄，可以橫擊及鈎取。

矛、刀、鏃等武器，鼎、**爵**①、**觚**②、壺等飲食器皿，以及斧、**鏟**③、鑿、鑽等工具。許多青銅器造型精美，花紋圖案細巧，達到很高的藝術水平，形成了後來著稱於世界的青銅器文化。如今保存在中國歷史博物館的**司母戊鼎**④是目前世界上發掘到的最大的青銅器。

　　商朝的第二個奴隸宰相是距伊尹幾百年後的傳說。那時殷王有個侄子叫武丁，從小在平民中生活，學會了一套勞動本領，也和一個叫傅說的奴隸交上了朋友。傅說雖是奴隸，但很聰明，很有學問，還很關心天下大事。他見武丁沒有奴隸主貴族的架子，能和奴隸交朋友，且虛心好學，便很喜歡他，兩人成了忘年之交。

　　後來武丁當上了商朝第二十二代君主，他一心要復興商朝，做一個像商湯那樣的名王，就要找一個像伊尹那樣的好幫手。他想起了當年的好朋友傅說，但傅說是個奴隸，那時的商朝已不是伊尹那時的商初，幾百年後奴隸主和奴隸間界限分明，大臣們是不會允許讓一個奴隸來參政的。怎麼辦呢？

　　武丁想了一個好主意。一天晚上，他裝作在夢中笑醒，說夢見先王商湯給他推薦一個大賢人傅說，只有他才能輔佐武丁治理好國家。手下人深信不疑，就派人

到全國各地去找，把正在做苦工的傅說送進宮。武丁當眾解除他的奴隸身份，任命為宰相。大臣們雖然心有不服，但因為是先王商湯托夢推薦的，便也不好反對。

傅說果然有治國的才幹，僅三年功夫，他輔助武丁把殷朝治理得秩序井然，經濟繁榮，商朝再一次復興了。

兩個奴隸先後當了宰相，聽起來似乎不可思議，其實並不出奇。因為在奴隸社會裏，奴隸主大都是好吃懶做的廢物，而奴隸們從事生產勞動，其中有不少是知識淵博、才能出眾的人，奴隸主為了維護他們自身的統

**小知識**

①爵：古代酒器，青銅製，有三足，用以溫酒和盛酒。

②觚：粵音古。古代酒器，青銅製，喇叭形口，細腰，高圈足，用以盛酒，形似杯。據說爵盛一升酒，觚盛兩升。

③錛：粵音奔。削平木料的平頭斧，柄與刃具相垂直成丁字形，使用時向下向裏用力。

④司母戊鼎：是商王為祭祀其母戊而製作，長方形，四足，高 133 厘米，重 875 公斤，鼎腹內有銘文「司母戊」三字。1939 年出土。

治，只好到奴隸中去發掘人才。但是像伊尹和傅説這樣的例子只是極少數，絕大部分奴隸被壓在社會最底層，用他們的血汗養活着少數奴隸主。他們的額頭上被打上烙印，以五名奴隸換一匹馬和一束絲的賤價在市場上販賣。奴隸的生活是多麼悲慘啊！

# 10. 甲骨文的故事

我們現在的文字，都是書寫或印刷在一頁頁紙上，然後裝訂成冊的。但是在紙張發明之前，古人是怎樣寫字的呢？他們把字寫在哪兒呢？你大概猜不到吧。

公元1899年，是中國的清朝時期，在北京有一位學官，頭銜是**國子監祭酒**①，他的名字叫王懿榮，年紀不小了，常有腰骨酸痛的毛病。那天，他聽人說中藥店有一種叫**龍骨**②的中藥，能治百病，對筋骨病尤為靈驗。王老先生就到一家叫達仁堂的中藥店去買了一些龍骨帶回家。正當他把龍骨從紙包中取出，打算放進藥罐裏去煲煮時，忽然見那片龍骨上有一些依稀可辨的線條符號，引起了這位老學者的興趣。於是，藥就不煮了，

**小知識**

①**國子監祭酒**：古代學官名，國子監是中國古代最高的教育管理機關。祭酒是主管官。國子監祭酒相當於現在的教育部部長或大學校長。

②**龍骨**：原指古代某些哺乳動物骨骼的化石，如犀牛、象等，中醫用作鎮靜劑。

他索性把這些龍骨一片片擦拭乾淨，仔細端詳起來。

王老先生是位有學問的人。他越看越興奮，覺得龍骨上的符號好像是一種古代的文字。於是他又到藥店去，買下店裏所有的龍骨，找來了一批學者，對照着古籍認真研究起來。這一研究，得到了一個重大的發現——龍骨上面刻着的線條符號，是距今二千多年前商朝的文字！

於是學者們追蹤這些「龍骨」的來源，原來這些龍骨的產地在河南安陽市西北面的小屯村，人們也稱那裏為「殷墟」。那裏的農民在田裏耕種時，常常會挖到一些石器、陶器、玉器、銅器、骨角器和甲骨。農民們不知道那一片片是什麼東西，有人說這是古代龍的骨頭，可以治病，於是他們就賣給中藥店。現在學者們發現這些都是無價之寶，便有不少人專門收買甲骨，引起全國學術界對甲骨文的研究熱潮，在中國歷史學和古文字學中增添了一門新興的學科——甲骨學。

那麼，這些甲骨文記敘着一些什麼內容呢？商朝的人為什麼要在龜甲牛骨上刻寫文字呢？

原來商朝的人，上至君王大臣，下至百姓，都很迷信。他們崇拜鬼神的力量，相信天上有神能主宰人間的

一切；死去的祖先也會保佑他的子孫們；自然界的山山水水都有神靈，能給人們帶來幸福或災禍。所以他們凡事都要拜祭一番，問問鬼神祖先這件事該不該做，祈求神靈保佑。那麼，人怎麼和神靈溝通呢？要靠一種叫**巫師**①的人來傳達鬼神的意見。甲骨就是巫師通鬼神時使用的工具。

殷墟出土的甲骨中，除了占卜後刻有文字的外，還有不少是經過整治而未用的甲骨。原來甲骨在使用前要經過多次加工整治，比如要把它鋸開，刮削平整，在背面鑽孔鑿眼。占卜時，巫師把鑽了孔的甲骨放在火上燒灼，骨頭經火一燒，在正面就出現了裂紋，這叫做「卜兆」。巫師就把這種奇形怪狀的裂紋說成是有某種含意的符號，按他的意思解釋出來，連同占卜者所提出的問題，以及準不準的結果，一起刻在出現卜兆的甲骨上，這就是「甲骨文」，也叫「卜辭」。

那時的商王幾乎每天都要祭祀鬼神，事事都要通過占卜來禱告祈求問凶吉。宮裏專有史官來主持，掌握

**小知識**

①**巫師**：以裝神弄鬼替人祈禱為職業的人，多是男巫。

刀筆刻甲骨卜辭。他們都是很有學問的人，刻出的卜辭簡明扼要，內容廣泛，形式上都有統一的格式，如：

某某日卜，某個史官（有時是商王自己）問：要做某事，是吉？是不吉？某月

我們剔除了卜辭中的迷信成份，就能得到許多商朝的歷史資料。甲骨卜辭中有較完整的商王朝的世系，官吏的名稱，與別國的戰爭記錄；社會生產方面是到農業、畜牧業、手工業、商業交通、狩獵的情況；醫學方面也有反映，提到十多種疾病的名稱；其他如天文、曆法、氣象等都有涉及，那時已經知道把一個月分為三十天，一年分十二個月，**閏年**①有十三個月。

所以，甲骨文的發現，對研究我國古代史，尤其是商代歷史，具有十分重要的意義。

**小知識**

①**閏年**：陽曆把一年定為 365 天，所餘時間約每四年積累成一天，加在二月裏，這一年有 366 天，叫閏年。農曆把一年定為 345 或 355 天，所餘時間約每三年積累成一個月，加在三年裏，這一年有十三個月，即 383 或 384 天，也叫閏年。

# 11. 紂王的功與過

一提到歷史上的暴君，人們就會想到夏朝的桀和商朝的紂。其實，桀和紂都不是他們本來的名字，只是因為他們太壞，人們才這樣稱呼他們。「桀」的意思是兇暴、殺人太多；而「紂」是殘忍、不義的意思。後來，桀和紂就成了壞君主的代名詞。

紂是商朝第二十九個王——帝乙的小兒子，其實他也不是生來就壞的，而且他也曾為商朝做了一些好事，但是後期的荒淫殘暴使他成為歷史上的暴君。

據說紂生得相貌英俊，人也很聰明，對複雜的事情能很快作出判斷，口才又好。他力大無窮，能徒手與猛獸格鬥，能把鐵鉤拉直把鐵條擰得彎曲，又能把粗大的房樑安放到屋頂上。有一次，他當眾表演，雙手拖着九隻牛的尾巴向後退，看得人人目瞪口呆。

當時，東方的夷族已十分強大，正由江淮一帶向中原地區發展，威脅到商朝的安全。紂王的父親帝乙在位時就曾遭到東夷人的攻擊，東夷人善於射箭，使商軍傷亡慘重。後來經過幾天幾夜的激戰，商軍才把東夷擊退，迫使他們退回東方。

紂王即位後，派人四處收集銅和錫，並親自監督冶煉青銅，叫奴隸們鑄造了大量的箭鏃、戈、矛等武器，這些青銅製的箭鏃又精巧又鋒利，射得遠，殺傷力很大。

紂王組織了大批軍隊，親自出征，對東夷發動了大規模的進攻。商朝的先進生產技術給商軍帶來了極大的優勢，東夷人用的是石頭或獸骨磨製的箭鏃，當然敵不過青銅箭鏃；加上紂王英勇無比，率領部下來回衝殺，一個人可以對付好幾個。東夷人一批批倒下，沒死的就成了俘虜。商軍大獲全勝，並掠奪了大量海貝、大龜、鯨魚骨和大象。商軍從淮河流域一直打到長江下游，東夷的大部分部落都投降了商朝，成千上萬東夷人成了商的奴隸。從此，中原的文化漸漸傳播到東南地區，兩地地區和長江下游方面，紂王是有貢獻的。

紂王在戰爭中奪到不少財寶和奴隸，便驅使奴隸在商朝的陪都朝歌建造了一座富麗堂皇的「鹿台」，有十丈高，玉石做門黃金為柱，把搜刮得來的金銀財寶都收藏在裏面；又修建了高大的倉庫儲存搶來的糧食。為了供他和妻妾們遊玩消遣，他動用大批工匠建造許多亭台樓閣，養殖各種珍禽奇獸。紂王特別喜歡喝酒吃肉，

便異想天開，在王宮裏鑿了一個大池，裏面灌滿了酒，聽説在池裏還可行船；又在池邊豎立許多木頭椿子，上面掛着烤得香噴噴的肉塊。這樣，紂王和宮妃及王公貴族們可以在酒池裏縱情嬉樂酗酒，餓了就到肉林裏，一伸脖子就可吃到肉，這就是被稱為「酒池肉林」的豪華生活。紂王的奢侈到了何等地步！

有一次，紂王討伐一個叫蘇的小國，**蘇國**①人知道他好色，便獻出一個美女來請降。這美女叫妲己，異常美麗，但生性狠毒。她當了紂王的寵妃之後，出了許多壞主意，使紂王幹下許多傷天害理的事。例如，她叫紂王用「炮烙」的酷刑來懲治反對他們的人，就是在一根銅柱子上塗了油，下面燃起熊熊的炭火，叫犯人赤身裸體在銅柱上爬，被慢慢烙焦，一掉下來就被活活燒死。

看到紂王這樣荒淫無度，也有些人冒死站出來規勸他，可是驕傲自負的紂王怎會聽得進去？紂王的同父

**小知識**

①**蘇國**：商、周時期的諸侯國，今河南溫縣一帶。

異母哥哥微子啟就曾對紂王說：「現在我們拚命喝酒，敗壞了祖先留下來的美德。喝酒使我們的大臣和百姓都做出偷盜奸邪的事情來，我們殷朝眼看就要亡國了。」紂王不聽，微子啟只好偷偷離開了他，到別處去躲了起來。紂王的堂兄弟箕子也曾規勸過他要收斂一些，紂王非但不聽，還把他囚禁了一段日子。他叔叔比干的下場就更慘了：比干幾次對紂王好言相勸，說像他這樣胡作非為，會引起百姓的憤怒和反抗，國家就很危險，他應該及早改正錯誤。最後紂王聽得不耐煩了，冷言冷語地說：「你說得這麼好聽，倒像個聖人。我聽說聖人的心有七個孔，我倒要看看你的心究竟有幾個孔！」他居然吩咐手下把自己的親叔叔殺了，並剖開肚子，取出心來觀賞一番！這樣一來，再也沒有人敢來規勸紂王了。大臣們有的藉口有病躲了起來；有的雖然天天照樣上朝，卻一言不發；有的甚至偷偷拿了宗廟裏的祭器投奔他國。箕子也帶了家眷和族人逃到東北方面的朝鮮半島去，另闢天地了。據說今天的韓國人大部分就是他的後代。

　　大官們況且如此，老百姓的境況就更悲慘了：他們被抓去服勞役，他們的糧食被奪去為皇宮釀酒，還被

逼着去打獵取肉進貢。紂王的寵妃妲己愛看殺人，就隨便把老百姓拉去砍頭、剁手腳、剖肚子⋯⋯這樣的日子沒法過下去了，百姓們只得扶老攜幼，四處逃亡。

紂王的所作所為，正在為他自己挖掘墳墓，殷商的滅亡是無可避免的了。

# 12. 姜太公釣魚遇文王

你聽説過姜太公釣魚的故事嗎？它正是發生在商末新興的強國——周國的事。周的祖先姓姬，商朝後期他們在陝西岐山下的周原一帶定居下來，開墾荒地、建築**城郭**①，成了商的屬國。周的首領季歷先後打敗了周圍小國，勢力漸強，對商國造成了威脅。商王文丁就找了個藉口，把季歷騙來殺了，以為可以杜絕後患。

季歷的兒子姬昌繼承父位，他就是歷史上有名的周文王。

姬昌一心想為父報仇，他帶兵攻商，可是因為力量太弱，大敗而歸。

這次失敗使姬昌深感自己國力的不足。所以他發奮圖強，治理國家、加強軍力、發展農業，並廣招國內外賢士來為他出謀獻策。經過十多年的努力，周國又一次強盛起來了。

周的強大對商很不利。有個大臣在紂王面前説了姬昌的很多壞話，警告紂王要小心周國。於是紂王就發出命令要會見各諸侯，把姬昌騙來，囚禁在**姜里**②。

消息傳到周國，全國上下焦慮萬分。姬昌的兒子

姬發急忙和大臣們商議拯救父親的辦法。他們決定利用紂王貪財好色的弱點，搜羅了一批美女、駿馬和珍寶獻給紂王，假意表示周國對商的忠心，並買通了紂王身邊的幾個大臣，請他們在紂王面前求情釋放姬昌。

　　昏庸的紂王見到這些美女和珍寶高興得眉開眼笑，說：「光是其中一項就可以贖姬昌了！」便立刻釋放了姬昌，還封他為「**西伯③**」，竟讓姬昌代表商國管理西方諸侯！

　　姬昌恢復自由後，深深感到商紂的腐敗無能，非推翻不可。於是他加緊訓練軍隊，聯絡小國，準備一有機會就進攻商紂，報仇雪恨。

　　姬昌看到自己手下雖已有不少出色的文武大將，

**小知識**

①**城郭**：古時在都城四周所建造的用作防禦的城牆，一般有兩種：裏面內城的牆稱城，外城的牆叫郭。

②**羑里**：羑，粵音有，羑里是今河南省湯陰縣西北。

③**西伯**：伯是古時領導一方的長官。西伯是指管理西部地區的官。

但還缺少一個全才來統籌全局，幫他籌劃滅商大計。因此，他經常留意尋訪這種人才。

一天，姬昌坐車帶着兒子和士兵出外打獵，來到了渭水的支流磻溪邊，見到一位七、八十歲的老人坐在那裏釣魚。這位老人鬚髮斑白，戴着斗笠，穿着**青布**①衣衫，氣度不凡。但是他的釣魚鈎是直的，不是彎的，上面也沒有魚餌。大隊人馬的前來，絲毫沒有驚動這位老人。姬昌覺得很納悶，便下車走過去和他攀談起來。

這位老人姓姜名尚，又名子牙，是遠古時代炎帝的後代。他懷才不遇，所以到渭水邊上來釣魚，其實是在等候賢明的君主的賞識。

姬昌在和姜尚的談話中發現他是個很有才能的人。他上通天文、下知地理；眼光遠大、學問淵博；對政治、軍事各方面都很有見地，特別是對當時的形勢分析得頭頭是道，令人信服。姜尚認為，商朝的日子不長

**小知識**

①**青布**：古代稱黑色為青，青布衫是黑色衣服，同樣，「青絲」是指黑髮。

了，應有一位賢明的領袖出面來推翻它，建立一個新的王朝。

他的話句句打動姬昌的心。姬昌想：這不就是我一直在尋訪的大賢人嗎？於是他懇切地對姜尚說：「我們盼了您很久了，請您幫我們治理國家吧！」說着便吩咐下人備車，請姜尚和他一起回宮。諺語「姜太公釣魚，願者上鈎」指的就是這件事。

姜尚到了周國，先是被立為國師，也即最高的武官；後來升為國相，總管全國的政治和軍事。因為他是自姬昌的祖父起就一直盼望的大賢人，所以人們尊稱他為「太公望」，在民間傳說中叫他為姜太公。如今陝西省寶雞縣東南的磻溪上，還有姜子牙釣台一處風景點呢！

姜太公果然是個傑出的人才。他幫助文王整頓政治和軍事，對內發展生產，使人民安居樂業；對外征服各部族，開拓疆土，削弱商朝的力量。到姬昌晚年時，周的疆土已包括了大部分商朝統治的地區，並逼近商的都城朝歌，當時人說，那時「若把天下分三分，周人就已佔兩分」。如此，為消滅商朝奠定了雄厚的基礎。

# 姜太公釣魚

　　姜太公釣魚被周文王賞識的歷史故事，引申出一句歇後語「姜太公釣魚——願者上鈎」，一直流傳到現在。

　　但是，人們一般把這句歇後語理解為設下圈套，使人上當。其實這是與原意不相符合的。姜太公懷才不遇，一心要協助文王振興國家。他如何才能引起文王對他的注意呢？他就要採取與眾不同的方法——不是用彎彎的魚鈎，而是用一個直鈎而且不用魚餌在釣魚。果然，文王覺得這是一位奇人，人們都是很尊敬奇人的，認為他們很有本領。兩人交談後文王發現這是一位傑出的人才，請他入宮協助治國。所以，姜太公用釣魚一計來試試文王求賢的誠意，就如同諸葛亮要經三請才出茅廬那樣，他要「面試」對方是否真心誠意請我幫，是否值得幫。

# 13. 牧野之戰

姬昌得到了姜太公的輔助，擴大領土，增強國力，積極為消滅商朝作準備，可惜他未能實現自己的宏願就病逝了。兒子姬發繼位，他決心繼承父志，完成大業。

姬發先向各部落和小國發出通知，約定在黃河邊上的孟津會盟，商討如何收拾被商紂弄得一塌糊塗的天下，並想以此試探一下眾人的態度。到了那日，竟有八百多個首領前來會盟，說明民心所向，天下人都願跟姬發伐紂。姬發在會上宣讀了**討伐**①宣言，歷數了紂王的種種罪惡行為，聲明自己是替天行道。會上舉行了軍事演習，各國首領都表示願意出兵討紂，他們還決定派人去朝歌刺探消息，等候出兵的時機。

姬昌死後的第四年春天，時機終於來到了。當時的商朝已被紂王搞得亂七八糟，再也維持不下去了；並據探子報告說，紂王調集了大部分兵力去攻打東夷，對西方的防禦很鬆懈。姬發和姜尚商量後，認為機不可失，就決定出兵。

姬發出動了三百輛兵車，三千名勇猛的先鋒部隊和四萬五千名士兵，會合了各部落及小國的支援部隊，

用車載着姬昌的牌位，浩浩蕩蕩地從孟津渡過黃河，向着商朝的都城**朝歌**②進發。這支討伐大軍士氣旺盛，一路上載歌載舞。他們沒遇到什麼抵抗，長驅百人，一直開到了離朝歌只有七十多里路的牧野。

在牧野，姬發正式豎起伐紂大旗，當眾誓師。他公佈了紂王無道、腐敗殘暴的種種罪惡，說：「現在殷紂王昏庸極了，不祭祀祖宗，不理國家大事，連自己叔叔、兄弟的話也不聽了；卻重用一些壞人和罪犯，讓他們做官，殘害忠良百姓。現在我代表老天爺來處罰紂王，希望大家勇敢作戰，消滅頑抗的敵人，不要殺害來投降的敵人。誰努力作戰，就給予獎勵；誰怕死後退，就嚴厲責罰！」誓師完畢，大隊人馬就揮旗向商軍發起進攻。

這時，紂王正和妲己及一批寵臣在鹿台上喝酒吃肉，欣賞歌舞取樂。手下報告說八百諸侯的討伐大軍正

**小知識**

①**討伐**：出兵攻打敵人或叛徒。

②**朝歌**：今河南省湯陰縣。

在前來，紂王大吃一驚，趕快撤了酒席，召集大臣們商量對策。可是他的軍隊都在東方戰場上，一時調不回來，於是他只好把戰俘和奴隸武裝起來，編入軍隊，一共湊了十七萬人，開赴牧野前線。

著名的牧野之戰爆發了。紂王原想以重兵取勝，以為十七萬大軍對付六、七萬聯軍應該沒問題。但他沒有想到軍裏的奴隸與戰俘早已受夠了紂王的侮辱和虐待，恨透了他，誰會肯替他賣命呢。所以他們還沒同姬發的軍隊交鋒，就調轉矛頭，同押送他們的衛兵廝殺起來。殺掉衛兵之後，這支部隊向商都殺來，反而成了姬發的開路先鋒。再說姬發的部隊雖是一支聯合軍隊，但上下一心，**同仇敵愾**①，決心要推翻殷紂王，士氣很高。所以當他們吶喊着勇猛地向商軍進攻時，商軍立刻土崩瓦解，全部潰散了。

姜尚指揮部隊殺到商都朝歌。紂王一看眾叛親

**小知識**

①**同仇敵愾**：全體一致痛恨敵人。

離，大勢不妙，趕快回王宮裏，跟着他的只有百十來個人。紂王知道自己的末日到了，便穿上他那件綴滿珠寶玉石的禮服，在富麗堂皇的鹿台上大吃一頓，然後叫人在鹿台下放一把火，把自己燒死在熊熊烈火中了。這個荒淫無恥的紂王，到臨死都還要享樂一番！

姬發帶着大軍衝進朝歌，老百姓早已燒好開水煮好飯，等着迎接大軍到來。大軍進城，百姓齊聲歡呼，為士兵遞茶送水，感謝姬發把他們從暴虐的紂王手中解放出來，並表示願意臣服周朝。

姬發乘車趕到被焚毀的鹿台，找到了紂王的屍體，接着又把那個作惡多端的妲己殺了，然後他用青銅斧砍下了紂王和妲己的頭，把兩顆頭顱懸掛在旗桿上示眾。暴君村和妲己罪惡纍纍，得到了應有的下場。

姬發莊嚴地宣告伐紂戰爭勝利結束，商朝已經滅亡。他得到了各部落和小國首領的擁戴，建立了周朝，姬發被諸侯立為天子，稱周武王。周武王即位之後，追尊他的父親姬昌為周文王。

# 14. 一心為國的周公

　　周朝，是中國歷史上最興盛的奴隸制國家。周朝分封諸侯，制定宗法，製作禮樂，建立井田制來穩定社會秩序及發展生產，這些制度對以後歷代王朝影響很大。從周成王到康王五十多年裏，是周朝強盛和統一的時期，歷史上稱為「成康之治」。在提到周初的這段歷史時，我們不能忘記作出過傑出貢獻的一位傑出人物──周公。

　　周公是周文王的兒子，周武王的弟弟，叫姬旦，史書上叫他周公或周公旦。他協助武王伐紂滅商，建立了周朝；在鞏固周朝統治方面，他又出了很多主意。武王建立周王朝後，許多部落都來歸順，疆域一下子擴大了很多。這麼大的國土如何統治呢？如何來穩定和控制商朝的一些不服氣的老臣子和奴隸主貴族呢？

　　周公向武王建議：採用分化利用和武力監督的辦法來處理商朝遺臣，首先把商都舊地分封給紂王的兒子武庚，允許他保存商朝的**太廟**①，祭祀祖先。同時又封武王的三個弟弟管叔、霍叔、蔡叔駐在商都周圍，名義上是幫助武庚，實際上是就近監視武庚，叫做「三

監」。

武王又用分封來大治天下，把全國的土地劃為一塊塊，分給自己的兄弟、親戚，以及一些有功的大臣。先後兩次共分封了七十一個諸侯國。

你見過寶塔型的建築嗎？上尖下寬是它的特點。周朝的統治結構也就像寶塔一樣：塔的頂端是周天子，統率一切；第二層是分封的諸侯；第三層的統治者叫做卿或大夫，是由諸侯分封的；第四層是「士」，負責打仗，士的下面才是一般老百姓；百姓下面還有奴隸，人數眾多，處在最底層。周朝就是靠這種寶塔式的等級制度來統治天下。

武王滅商後，過了幾年就病死了。他的兒子成王還只是個**襁褓**②中的孩子，周公旦就自己**攝政**③，代小

**小知識**

①**太廟**：帝王為祭祀祖先而特地建立的廟，也叫祖廟。如今北京天安門東側的勞動人民文化宮，即為明清兩代帝王的祖廟。

②**襁褓**：包裹嬰兒的布或被。

③**攝政**：代君主處理事務。

侄子管理國家大事。他是位有才有德的大政治家，他想盡一切辦法網羅人才治理國家。為了接待賢能的人，他忙得不可開交，有時洗一次頭髮也要中斷三次，吃一頓飯也要三次放下碗筷。儘管他如此忠心和勤懇，卻仍招來他的弟弟管叔和蔡叔的妒忌，他們在外面造謠說周公旦是想要篡奪侄子的王位；紂王的兒子武庚乘機拉攏他們一起反叛周朝，管叔和蔡叔就和武庚勾結起來，還聯合了一些殷商的舊貴族和早就不馴服的東夷小國，發動了大規模的武裝叛亂。

周公旦向老臣子姜尚和召公表明了自己對國家的一片耿耿忠心，消除了他們對他的誤會。為了保衞周朝的天下，周公旦便以成王的名義親自帶兵出師東征。經過三年艱苦的戰爭，周公旦終於平定了叛亂。武庚在戰鬥中被打死，管叔兵敗後自殺，霍叔和蔡叔做了俘虜，流放遠方，這場戰爭消耗了不少人力物力，也為周公旦添了不少白髮，但卻鞏固了周朝的統治，也說明了周公旦不僅是位能幹的政治家，也是位出色的軍事家。

東征歸來後，周公旦深感目前的都城**鎬京**①太偏西，不易管轄新疆土，便在**洛邑**②營建了一個東都，由周公旦坐鎮，成王和兒子康王則在鎬京附近集中力量征

伐犬戎。

　　為了鞏固統治、維持社會秩序，周公在分封的同時又創立了宗法制度，規定從天子到士的權位只有宗子（嫡長子）才有資格繼承，並製定了一套禮樂來教化人，也就是說在社會的各個等級之間、人與人之間都有許多禮儀和規矩要遵守；天子、諸侯、卿、大夫、士都有應盡的義務，譬如天子要把每年的曆法頒佈給百姓，告訴他們什麼時候播種、收割、過節、休息；諸侯要為天子守衛疆土和向天子進貢，卿大夫則要向諸侯進貢，士必須服從諸侯和卿大夫的命令去出征……等等。每個等級都有各自的禮節，所著的衣飾、儀式中所跳的舞、所奏的音樂，也都有各自不同的規定。祭祀、朝會、婚娶、喪葬都有一定的儀式，使用不同的音樂。君臣、父子、親疏、尊卑之間都有嚴格的界限，人人都要遵守這些禮節，違反了就是越軌失禮。如此，使人們養成彬彬

**小知識**

①**鎬京**：在今陝西省西安市附近。

②**洛邑**：今河南省洛陽市。

有禮、安分守己的習慣，生活得很有秩序。這些就是後世所說的周公「制禮作樂」。

在農業方面，周朝實行**井田制**①，農田分公私，激發了農民生產積極性，促進了農業生產的發展，整個社會的經濟就此穩定下來了。

周公旦輔政了六、七年，當成王滿二十歲時周公旦就把政權交給他。成王在位三十多年，病死後由太子釗繼位，就是周康王。康王不忘創業的艱難，在忠臣的輔助下專心治理國事，生活儉樸、善待百姓，因此生產發展，人民生活安定，社會出現一片繁榮景象，犯法的人很少。據史書記載，成康之際，四、五十年內未曾用過刑罰，天下安寧，政治清明，後人稱這段全盛時期為「成康之治」，其中，周公的作用是不可磨滅的，周公也因此成為了後代許多統治者學習的楷模。

**小知識**

①**井田制**：把一方里的土地照着「井」字形狀分為九區，每區一百畝。外面八區分給八家農戶耕種，收成歸各家私有，無須向領主交稅，這叫「私田」。中央一區由八家合力耕作，收成屬於領主，這叫「公田」。

# 15. 烽火戲諸侯

周朝自「成康之治」後，相傳了十幾代。第十一代的周宣王曾採取一些改革措施，使周朝一度中興。但後期他**窮兵黷武**①，連年征戰失利，於公元前781年憂鬱而死。他的兒子即位，就是西周有名的昏君、末代天子周幽王。你知道周幽王昏庸到什麼地步嗎？他竟動用國庫千兩黃金，去買來了**諂臣**②的一個壞主意——動用京城的報警設施來戲弄諸侯，以博得愛妃一笑！

幽王是在天災頻繁、政局不穩的情況下登上寶座的。他即位的第二年夏天遇上旱災，接着又是地震又鬧饑荒，老百姓的生活苦不堪言。但是周幽王非但沒有設法解決人民困苦，挽救國家危局，反而增收賦稅，加重百姓的負擔，自己過着更奢華荒淫的生活，因此加速了

**小知識**

①**窮兵黷武**：使用全部武力，任意發動侵略戰爭。「黷武」是好戰的意思。

②**諂臣**：諂是討好巴結的意思。諂臣是指皇帝身邊專門討好獻媚，拍馬吹牛的大臣。

他的倒台，斷送了西周的天下。

　　周幽王不理國家大事，只知吃喝玩樂。他派人四處尋找美女。有個叫褒珦的大臣對他好言相勸，幽王不但不聽，還把他抓起來關在牢裏。褒家人為了救出褒珦，從鄉下買了一個漂亮的姑娘來獻給幽王。幽王很喜歡這個叫褒姒的美女，就把褒珦釋放了。

　　不久，褒姒為幽王生了個兒子，取名伯服。幽王更寵愛褒姒了，想廢掉他和申后生的兒子宜臼的太子位，立伯服為太子。可是周朝的規矩是只有王后生的嫡長子才能做太子繼承王位，妃子生的兒子是沒有這個權利的。幽王便設計要殺死宜臼。

　　一天，宜臼在花園裏玩，幽王派人故意放出籠裏的一隻老虎，想讓老虎咬死宜臼。沒想到宜臼十分勇敢，當老虎張牙舞爪向他撲過來時，他非但不逃，反而迎上去向老虎大吼一聲，嚇得老虎趴在地上不敢動彈，幽王的陰謀沒有得逞。宜臼知道自己可能再會遭到暗算，便偷偷逃出王宮，躲到外祖父申侯家去了。於是幽王便下令廢掉申后和宜臼，封褒姒為王后，立伯服為太子。這事引起大臣們的強烈不滿。

　　幽王還有一件心事，就是褒姒雖艷如桃李，卻冷

若冰霜，她有個怪脾氣——從來不笑，不管是多麼有趣的事，都引不起她的興趣和笑容。即使是她當上了王后，兒子被立為太子，她也絲毫沒有歡樂的表示。

幽王一直想看看美麗的褒姒笑起來有多美，因此他想方設法逗她笑，但都沒有成功。於是幽王出了**賞格**①，說有誰能叫褒姒笑一笑的，就賞給他一千兩金子。

幽王手下有個叫虢石父的大官，是個專會拍馬逢迎的壞傢伙，也是個貪財鬼。他馬上來向幽王獻了一個「烽火戲諸侯」的計策。

原來，西周時為了防備西邊犬戎部族的侵擾，在鎬京附近的驪山一帶修建了許多座高高的**烽火台**②。周王朝與各地諸侯有約，如果發現犬戎來進攻京城，晚上

**小知識**
①**賞格**：古時懸賞所定的報酬數。懸賞是用出錢等獎賞的辦法，公開徵求別人幫助做某件事。
②**烽火台**：邊疆戍兵使用烽火報警，因此而設的高土台，因燒煙常用狼糞，又名「狼煙台」。

就在烽火台上燒起大火，白天則燒狼糞使它冒煙。諸侯見到煙和火光，知道京城告急天子有難，就必須立即率兵來救援，不得延誤。虢石父對周幽王說：

「現在天下太平，烽火台好久沒有使用了。大王帶娘娘到驪山去玩幾天。到了晚上，我們把烽火點起來，諸侯們一定會帶兵趕來。娘娘見了這等熱鬧景象，又知道諸侯們原來上了大當，一定會笑起來！」

幽王絲毫不考慮此事的嚴重性，居然拍手笑道：「好極了，就這麼辦吧！」

這一天，周幽王帶着褒姒和隨從們來到了驪山的城樓上，然後派人在烽火台點起烽火。這二十多個烽火台每個相隔幾里地，第一道關的士兵點起烽火後，第二道關上的士兵見到烽火也就會把火點起來，如此接二連三地點起火來後，臨近的諸侯們真以為西北方的犬戎打過來了，便趕快帶着兵馬前來救駕。他們汗流浹背地趕到鎬京城下，哪見有一個犬戎兵的影子，只見幽王和褒姒坐在城樓上喝酒聽音樂看熱鬧。幽王派人告訴諸侯說，這裏沒事，只是在放煙火玩，請大家回去吧。諸侯們氣得憋着一肚子氣往回跑。褒姒見到諸侯們上當受騙十分狼狽的樣子，不禁笑了起來。幽王高興得什麼似

的，馬上獎賞給虢石父一千兩金了。

　　後來，被廢的申后的父親申侯聯合犬戎進攻京城，幽王急忙令人點起驪山烽火，但諸侯們以為幽王又在拿他們取樂，一個兵也沒派來。京城被犬戎攻破，幽王被殺，王宮的珍寶被洗劫一空，褒姒也被搶走。諸侯們和申侯商量後立原太子宜臼為周平王，公元前770年遷都到洛邑。歷史上把東遷前的周朝稱為西周。東遷後稱為東周。

▲烽火台

# 16. 管鮑之交

　　東周前期二百多年（從公元前770年到公元前476年）的這段歷史，被稱為**春秋時期**①。這時，周天子的實力已經大不如前，已不能控制天下。諸侯勢力興起，互相爭奪霸權，擴大統治範圍。在這段歷史中出現了很多可歌可泣的故事。

　　由於諸侯間的互相混戰兼併，周朝初期分封的幾百個諸侯國到了春秋時期只剩下一百多個，其中較大的有十幾個。大國爭霸成為春秋時期的主要特點。

　　第一個稱霸的是齊桓公。齊國的都城在臨淄，是周武王的功臣姜尚的封國，地大物博，工商業發達，國力較強。

　　公元前686年，齊國發生了一次內亂，執政的暴君齊襄公被殺。他沒有兒子，只有兩個異母兄弟——公子糾和公子小白，他們因為眼見襄公暴虐無道，不敢留在國內，早就逃奔他國。公子糾的母親是魯國人，所以他就去魯國避難，身邊有一位叫管仲的師傅輔佐，公子小白回到他母親的老家莒國，由師傅鮑叔牙陪伴左右。

這鮑叔牙和管仲都是很有才華的人，又是一對好朋友，曾一起合作做過買賣。管仲的家境不大好，又有母親要供養，鮑叔牙很理解他的處境，十分照顧他，還時時在眾人面前維護他，因為鮑叔牙知道管仲是個很有本事的人，很愛惜這人才。管仲曾感慨道：「生我的是父母，了解我的是鮑叔牙啊！」從此兩人結為生死之交。管仲看準了以後能繼位當國君的，不是公子糾就是公子小白，就和鮑叔牙說好了，每人輔佐一個，管仲當了公子糾的老師，鮑叔牙做了公子小白的老師。

兩位公子聽到齊襄公被殺的消息後，都急着要趕回去爭奪王位。魯莊公親自帶兵，護送公子糾和管仲到齊國去。管仲對莊公說：「公子小白在莒國，莒國離齊國近，萬一他搶先入齊國就麻煩了，讓我帶一隊人馬

**小知識**

①**春秋時期**：一本名為《春秋》的古代史書，記載了公元前 722 年到公元前 481 年的歷史，後來人們就借用「春秋」這名，把公元前 770 到前 476 這段歷史做「春秋時期」。

去攔阻他。」管仲的人馬果然在一個森林裏追上了公子小白。管仲問：「公子如此急急忙忙上哪兒去呀？」小白說：「回去辦喪事啊。」管仲說：「公子糾比您年齡大，由他辦喪事就行了。」鮑叔牙知道管仲的用意，叫他別多管。管仲假意退下，走了幾步路後突然轉過身來，彎弓搭箭朝小白射去，只聽小白大叫一聲，口吐鮮血，倒在車裏。管仲以為他必死無疑，便回去帶着公子糾不慌不忙地向齊國進發。

其實公子小白並沒有死，管仲的這一箭正好射在他的**衣帶鈎**①上，沒有傷及他。小白急中生智，故意慘叫一聲，咬破舌頭，撲倒在車裏，雙目緊閉，連他手下人都

 **小知識**

①**衣帶鈎**：古人着寬袍，多用衣帶束腰，再用金屬製的圓形扁物鈎住衣帶，故衣帶鈎一般都在腰腹中央。

②**相國**：官名，春秋時齊國開始設左右相，或稱為相國、相邦、丞相，為百官之長。

③**主公**：古代臣僕對君主的稱呼。

以為他死了，放聲大哭起來，矇倒了管仲。等管仲走遠後，小白才睜開眼。鮑叔牙叫他趕快抄小路回臨淄。所以當管仲和公子糾自以為勝券在握，得意洋洋地走在路上時，小白已到了臨淄，被立為國君，就是齊桓公。

魯莊公聽到這消息後氣惱萬分，便下令攻打齊國。魯國國小兵弱，根本不是齊國的對手，連吃了幾個敗仗，丟失了大片土地。鮑叔牙趁勢向魯國反攻，逼魯莊公殺死公子糾，交出管仲，不然齊國就要攻進魯國京城。

魯莊公沒有辦法，只得殺了公子糾，把管仲抓了起來，押送回齊國。管仲以為此次回到齊國必死無疑。誰知車一進入齊國地界，鮑叔牙就急忙走上來替他鬆綁，扶他上了自己的車，一起回到臨淄。管仲心裏直納悶，為什麼小白非但不殺他，反而如此厚待？

原來公子白當了國君後，為了感謝師傅鮑叔牙。準備封他為**相國**②。但是鮑叔牙拒絕了，他說：「**主公**③想完成大業，一定要找個才能出眾的人來當相國。」

齊桓公便問：「哪兒去找這樣有才能的人呢？」

鮑叔牙說：「除了管仲，別無他人。」

齊桓公聽了很生氣，扭過頭去說：「管仲差一點要了我的命，怎麼能重用他呢？」

鮑叔牙心平氣和地解釋說：「當時他是公子糾的師傅，當然要忠心耿耿地為他的主人辦事，管仲有勇有謀，是天下奇才。主公想富國強兵，稱霸中原，沒有他的輔佐是辦不到的。」齊桓公見鮑叔牙如此大力推薦管仲，便同意了，但問道：「可是管仲現在還在魯國，我們怎麼才能得到他呢？」

鮑叔牙說：「我自有辦法。」於是他就設計逼魯國交出管仲。

管仲到了齊國後，齊桓公果然不記一箭之仇，拜管仲為相國，而鮑叔牙則心甘情願做了管仲的副手。管仲為桓公的寬宏大量所感動，運用自己的聰明才智，忠心為齊國服務，幫助桓公做了中原第一**霸主**①。

小知識

①**霸主**：春秋時勢力最強、處於首領地位的諸侯叫霸主，意思是把持國際局勢的強人。霸主推行的政令就叫做霸政。

後來管仲病重，齊桓公問他可以推薦誰來當相國接替他，管仲並沒有因為鮑叔牙救過自己而推薦他，而是推薦了比鮑叔牙更賢能的人。鮑叔牙不但沒有因此而責怪管仲，反認為管仲忠於國家不講私人交情，做得很對。這兩人以國事為重，心懷坦白，深為後人所敬重。鮑叔牙和管仲這一對好朋友的故事，歷史上稱為「管鮑之交」。

# 17. 曹劌長勺退敵

魯莊公敗給齊國之後，一直懷恨在心。於是他暗中整頓軍隊，加緊操練，打算征伐齊國，出出這口氣。齊魯兩國即將爆發一場大戰！

齊桓公即位後，得到管仲的幫助，國力大有發展。他一心想當霸主，總想找個機會露一手，樹立自己的威信。聽到魯國在備戰的消息，便對管仲說：「我看我們應該先下手為強，趁他們還沒準備好，攻他個冷不防，把魯國打垮，你看怎麼樣？」

管仲不同意馬上去打魯國：「主公剛即位，本國尚未安定，列國還沒交好，怎麼能去攻打別國呢？」

齊桓公正在興頭上，哪裏聽得進這番勸告？同時他又看不起魯國，低估了他們的實力，認為要戰勝他們是很容易的。所以就在即位的第二年，也即公元前684年，任命鮑叔牙為大將，出兵攻魯，一直打到魯國的長勺。

魯莊公急起應戰。眼見齊軍大兵壓境，百姓們十分憤慨，其中有個叫曹劌的魯人挺身而出，要為國家出力。有人勸他說：「國家大事自有那些當官的籌謀解決，你一個老百姓何必去操這份心呢！」

曹劌説：「那些吃魚吃肉的官員目光短淺，能有什麼好辦法？眼看國家危急，我怎能不管？」

於是他去見魯莊公。莊公正發愁身邊沒有謀士，聽説有人來獻策，立刻召見。

曹劌見了莊公就問：「齊國的大軍已經打過來了，請問主公靠什麼來戰勝齊軍呢？」

魯莊公回答説：「平時有什麼好吃的好穿的，我總是分給臣下一起享用，從來不敢獨佔。我想，大家就會支持我啦！」

曹劌聽了直搖頭：「這不過是些小恩小惠，而且只是您身邊的少數人得到，老百姓是不會為您去賣命的。」

魯莊公又説：「我在祭祀的時候總是誠心誠意的，從不弄虛作假。我想，神靈會保佑我的。」

曹劌説：「對神虔誠是本份，神不會特別保佑你打勝仗的。」

魯莊公接着説：「老百姓來打官司，我雖不能把每件案子都查清楚，但我總是盡可能處理得公平合理。」

曹劌點頭説：「這還差不多。關心老百姓的疾苦

就能得民心，憑這一點就可以去打。」

魯莊公問他有什麼辦法可以戰勝齊軍，曹劌笑着說：「打仗這件事要隨機應變，哪裏有固定的方法呢？請您讓我坐上車，到戰場上去見機行事吧！」

魯莊公見他一副胸有成竹的樣子，也巴不得他一起去。於是兩人同坐一輛兵車，帶領人馬直奔長勺。

戰場上齊魯兩軍擺開陣勢，嚴陣以待。齊國的鮑叔牙因為打敗過魯軍，所以根本不把魯軍放在眼裏。他仗人眾馬多，求勝心切，一開始就擂響了**戰鼓**①，發動進攻。魯莊公聽到齊軍鼓聲震天，沉不住氣了，也想下令擊鼓反攻。曹劌連忙阻止道：「且慢，還不到時候！」他還請莊公下令：「有吵嚷叫喊、隨意行動、不聽從指揮的，一律處死！」又要弓箭手穩住陣腳。齊兵隨着鼓聲衝了過來，但見魯軍陣勢穩固、紋絲不動。齊軍見無隙可乘，便退了回去。

過了一會，齊軍又打鼓衝鋒，但魯軍仍守住陣腳，一個人也沒有出來應戰。這樣連衝兩次，都不見魯軍出動，鮑叔牙更得意了，對手下說：「看來魯軍是嚇破了膽，不敢出戰。我們再衝一次，他們必垮無疑。」

魯軍將士看到齊軍囂張的樣子，個個氣得摩拳擦

掌，但是沒有主帥的命令，只好憋着氣等待着。而齊兵忙了半天，不見有收穫，都有些疲倦了。鮑叔牙不死心，下令打第三通鼓。曹劌手持寶劍説道：「打敗齊軍，在此一舉！」請莊公下令擊鼓衝鋒。齊軍以為這次衝鋒也會和上次一樣徒勞無功，所以一個個拖着矛扛着槍，無精打彩地跑過來。不料魯軍這邊鼓聲大作，士氣高漲的魯兵似猛虎下山般撲了過來，大砍大殺，弓箭齊發，直殺得齊軍七零八落，狼狼逃竄。

魯莊公連忙要下令追擊，曹劌攔住他説：「先別急，讓我看看！」説着，他跳下兵車察看地面上齊軍**戰車**②留下的**車轍**③，又登上兵車望了望前方，過了一會

**小知識**

①**戰鼓**：古代作戰時為鼓舞士氣而打的大鼓，也用以作為發起進攻的信號。

②**戰車**：古代用於作戰的車輛，戰鬥時用以衝擊追逐，行軍時用以運載軍械糧草，駐軍時用以結陣紮營。每輛戰車配有一定數量的士兵，所以戰車又是計算兵力的單位。

③**車轍**：車輛輾過的痕跡。

才説：「可以下令追擊！」魯軍一直向前追了三十多里，繳獲了齊軍的許多兵器軍馬，大獲全勝。

魯莊公非常佩服曹劌鎮定自若的指揮，但是他有點不明白，便問曹劌：「齊軍頭兩次擂鼓，你不讓我迎戰；為什麼要等到第三次？」

曹劌回答説：「打仗憑的就是士氣，擂鼓就是要鼓舞士氣的。擂第一次鼓，士氣最旺盛；擂第二次鼓，士氣就差了一些；擂第三次鼓的時候就不剩多少士氣了。對方洩氣的時候，我們的士兵卻一鼓作氣地衝過去，哪有不贏之理？」

魯莊公接着又問為什麼不讓他馬上追擊。曹劌説：「齊國兵力雄厚，他們有逃跑也許是條計，設下埋伏來打我們，所以我們不能倉促追上去。等我看到他們的車轍混亂了，遠遠望見他們的軍旗東倒西歪，知道他們確是狼狽敗逃，這才可以下令追擊。」莊公聽了恍然大悟，稱讚曹劌真是一位精通兵法的將軍。

這就是歷史上有名的長勺之戰，曹劌的戰爭理論，包括「取信於民」，以及對士氣的分析「一鼓作氣，再而衰，三而竭」是很高明的。後來在曹劌的指揮下，魯國擊退了齊軍，局勢才穩定了下來。

# 18. 不自量力的宋襄公

公元前643年，齊桓公病死，國內大亂，奸臣把公子無虧推上王位，桓公在世時立的太子——公子昭逃到宋國，請宋襄公保護他。

襄公護送着公子昭，率領着四國軍隊打到齊國，齊國一批大臣見形勢不好，就殺了無虧，迎接公子昭即位，就是齊孝公。宋國的威望就此提高了。

宋襄公本來沒什麼本事，自認為擁立齊孝公即位是立了大功，便想接替齊桓公當盟主。當時的大國只有齊和楚，他想用大國來壓服小國，便和齊、楚兩國商議好，在那年七月約各國諸侯在宋國盂地開大會。

公子目夷勸襄公説：「你別看楚成王説得好聽，不知他心裏在打什麼算盤呢，您可不要上他的當啊！」

襄公回答説：「你太多心了。我以忠信待人，別人還忍心欺騙我嗎？」

目夷説：「楚王是個反覆無常的人，你還是帶點兒兵去吧。」

襄公也不肯，説是已和齊、楚國君説好都不帶兵車的，他不能説話不算數。目夷又提出自己要帶兵埋伏

在會場以外三里的地方，以防萬一。但襄公連這點也不同意，目夷只得空手跟他去。

　　果然，會上楚成王和宋襄公為爭當盟主而吵了起來，那些小國都怕楚國，所以都附和成王。宋襄公還想和楚成王講理，只見成王的一班隨從紛紛脫掉外衣，露出一身鋥亮的**鎧甲**①，手執兵器，一窩蜂似地奔上台來，把宋襄公抓走了。公子目夷乘着混亂逃了回來。

　　後來，由齊國和魯國出面調解，讓楚成王做了盟主，這才把宋襄公放了回去。宋襄公想稱霸不成，反而出盡了洋相。他只是在擁立齊孝公成功後顯赫了一時，是春秋爭霸中曇花一現的人物。

　　從此，宋襄公對楚成王恨之人骨，但也拿他沒辦法。對上次開會時發生的事，宋襄公一直不服氣，特別是聽説鄰近的鄭國最積極支持楚國，和成王一起反對他，更使他惱恨萬分，便想找機會征伐鄭國，出出這口氣。

**小知識**

①**鎧甲**：古代士兵打仗穿的護身服裝，多用金屬片綴成。

公元前638年，鄭文公去楚國朝拜，宋襄公認為時機已到，不顧公子目夷和大臣們的反對，親自帶兵去攻打鄭國。正在楚國的鄭文公聽到這個消息後，便馬上向成王求救。成王很有算計，他不直接去救鄭國，卻派大將帶領大隊人馬去直接攻打宋國。宋襄公沒提防這一着，慌了手腳，連忙帶兵趕回來，在**泓水**①的南岸紮好了**營盤**②，楚國兵馬也開到了對岸，兩軍對峙。

司馬公孫固勸宋襄公說：「楚兵開來是為了援救鄭國，現在我門已從鄭國撤了兵，楚國的目的也就達到了。我們力量比不上楚軍，不如和楚國講和算了。」

宋襄公說：「楚國雖然兵強馬壯，但他們缺乏仁義；我們雖說兵力不足，可是舉的是仁義大旗。他們的不義之兵怎麼打得過我們這仁義之師呢？」宋襄公還下令做了一面大旗，繡上「仁義」兩個大字，認為「仁義」無敵於天下，可以戰勝楚國的刀槍。

天亮以後，楚軍開始過河，進攻宋軍。這時形勢對宋軍有利。公孫固對襄公說：「楚國仗着他們人多兵強，故意在白天過河，不把我們放在眼裏。我們趁他們還沒渡完河的時候，迎頭打上去，一定能勝利。」

宋襄公指着頭上的「仁義」大旗說：「你看見這

『仁義』兩字嗎？我們是仁義之師，怎麼可以趁敵人還沒渡完河就打呢？」

公孫固在心中暗暗叫苦。過了一會，楚軍已全部渡完河。楚將成得臣身穿錦繡戰袍，外披軟甲，腰掛彫弓，手執長鞭，指揮兵士布陣，傲視闊步，一副目中無人的樣子。公孫固又向襄公建議說：「楚軍正在亂哄哄地布陣，這下不能再等了！趁他們還沒擺好陣勢，我們趕快打過去，一定可以亂了他們的陣腳。要是再不動手就來不及了。」

宋襄公責備他說：「不行！人家還沒有布好陣，怎麼能動手呢？這算仁義嗎？」

公孫固心裏暗暗叫苦。眼見楚軍已擺好陣勢，人強馬壯，漫山遍野，聲勢浩大。一陣戰鼓響起，楚軍像大水沖堤般嘩啦啦直撲過來；宋襄公手執長矛，帶領將士，催着戰車攻進去。但是宋軍哪是楚軍的對手？廝

**小知識**

①**泓水**：今河南省柘城縣北。

②**營盤**：指部隊紮營的地方。現時稱營地、營房。

殺不一會兒，將士們一個個身受重傷，敗下陣來。「仁義」大旗被楚軍奪去，宋襄公的大腿上中了一箭，身上好幾處受傷。公孫固和幾員大將奮勇衝殺，才把襄公救出。大戰結果，宋軍的兵車已損失了十之八九，兵器、糧草都已丟光，將士們死的死、傷的傷，潰不成軍，損失慘重。老百姓見此，都埋怨宋襄公不聽公孫固的話而遭此慘敗。

　　宋襄公一心想當霸主，可是由於國家小，力量弱，加上他又愚昧無能，結果反倒在歷史上留下笑柄。他的傷很重，一年後去世了。臨終時，他吩咐太子說：「楚國是我們的敵人，記住要報這個仇。」又說：「我看晉國的公子重耳是個有志氣的人，將來會成為霸主。你有困難的時候，可以去找他。」

　　這位口口聲聲標榜「仁義」的宋襄公，就這樣糊裏糊塗的把命賠上了。

# 19. 公子落難十九年

　　正因為君主是一國之主，擁有至高無上的權力，為了爭戴這頂冠冕①，歷來朝廷間演出了多少父子相害、手足殘殺的悲劇，晉國國君之爭就是其中一個故事。

　　晉獻公和夫人生了一男一女，男的是太子申生，女的後來嫁到秦國去了。後來獻公又和四個妃子分別生下了四個兒子：重耳、夷吾、奚齊、卓子，奚齊的母親是晉獻公最寵愛的驪姬。晉獻公在夫人死後立驪姬為夫人，驪姬想立自己的兒子奚齊為太子，便想出一條毒計。她假冒申生之名，使人送了一壺毒酒給晉獻公，又故意讓獻公察覺酒裏有毒。獻公以為真是申生想害他，不禁大怒，便馬上逼申生自殺。申生明白這是驪姬的詭計，但他生性馴良，不想揭發驪姬，便自殺了。

　　申生死後，驪姬又陰謀殺害比奚齊年長的公子重耳和夷吾。兩位公子便趕快逃跑了，重耳跑到狄國，夷

**小知識**
①冠冕：古代帝王、官員戴的帽子。

吾逃到梁國避難。

重耳是個很有才能的青年，在晉國很有聲望，所以晉國一些能幹的大臣如狐毛、狐偃兄弟、介子推等都寧願放棄官職，跟着他流浪在國外，在狄國就住了十二年之久。

晉獻公病死後，晉國發生了內亂。奚齊和異母弟弟卓子曾先後做過國君，但不久就被大臣們殺害了。原先逃到梁國的夷吾在秦穆公的幫助下，於公元前650年回國當了國君，即晉惠公。

惠公在位第十四年時得了重病，想把王位傳給太子圉，又怕太子重耳回國搶奪王位，就派人到狄國去行刺重耳。

重耳得到消息後，帶着隨從倉促逃跑。他們經過衞國，衞文公見他是個倒運的公子，不肯接待他。他們只得繞過衞國走，一路上又飢又渴，不得不乞討些食物或吃些野菜維生。

他們飢一頓飽一頓，走了幾天幾夜來到齊國。齊桓公對他很客氣，為他們安排住處，供應車馬飲食，招待得十分周到，還把本族的一位美女齊姜嫁給重耳作夫人。

他們在齊國住了七年。後來齊桓公死了，他的五個兒子爭奪君位，國勢漸漸衰落下來。重耳的隨從狐毛等人認為應該離開齊國了，但是重耳很迷戀眼下的安逸生活，沒有想走的意思。於是幾個隨從在桑樹林裏商量如何以打獵為借口，把重耳騙上車拉走。正巧齊姜的使女在桑樹上採桑葉，聽到這番話後回去告訴了夫人。齊姜是個知書識禮的女子，她也覺得重耳不能一味在這兒享樂，這樣會毀了他；目前夷吾在晉國很不得人心、重耳應趁此機會回國得到君位創立霸業。她勸重耳回晉國去。但是重耳不聽。齊姜就和狐偃等人商量好，晚上設了酒宴把重耳灌醉，再把他抬上車，連夜出城。等重耳醒來，已經東方發白，車已遠離齊國了。重耳無可奈何，只好和大家一起趕路。

他們先來到曹國。曹共公是個貪圖享樂的昏君，手下的一批大臣也是**趨炎附勢**①的小人，都不願理睬重耳這個落難公子。所以第二天他們就動身去宋國了。

**小知識**

①**趨炎附勢**：比喻奉承和依附一些有錢有勢的人。

宋襄公倒是很歡迎重耳的到來，因為湖水之戰後他稱霸的心仍不死，想多找幾個人來重整旗鼓。可是宋襄公心有餘而力不足，他自己正在病榻上養傷，哪有力量幫助重耳回國呢？重耳他們明白這情況，便離開宋國來到楚國。

　　楚成王隆重地歡迎重耳，用招待諸侯的禮節接待他，重耳也十分尊敬和感激成王，兩人成了好朋友。重耳也已重振鬥志，策劃着重返晉國的大事。有一次，楚成王開玩笑地問重耳：「公子如果回到晉國，將怎樣報答我呢？」

　　重耳説：「金銀財寶、珍禽異獸，貴國都多得很，我真不知道拿什麼來報答大王的恩德。」

　　成王笑着説：「那就不報答了嗎？」

　　重耳想了想，説：「如果托您的福我能回到晉國，一定和貴國和睦相處，讓兩國百姓過上和平的日子。萬一日後兩國發生戰爭，我一定命令晉軍**退避三舍**①，來報答您的恩情。」

　　楚成王聽了只當是開玩笑的話，並不放在心上，卻氣壞了楚將成得臣，事後他對成王説：「重耳這人狂妄自大，野心不小，趁早把他殺了吧！」成王不同意，

認為重耳志向遠大，他的隨從又都有才幹，將來會成大事的。正好此時秦穆公派人來接重耳，楚成王認為秦王力量強大，離晉國又近，一定可以幫重耳返國，就勸重耳到秦國去。

原來秦穆公曾幫重耳的異母兄弟夷吾當了晉國國君，沒想到夷吾登位後反倒跟秦國作對，還發生了戰爭。夷吾死後，他兒子也跟秦國不和，所以秦穆王決定要扶助重耳，先派人把他接到秦國。

重耳到秦國後受到熱情的招待，穆公還把自己的女兒懷嬴嫁給了重耳，後人就把兩家結為婚姻的事稱作「秦晉之好」。

公元前636年，秦國大軍由公子縶帶兵，護送重耳過黃河回晉國。秦軍勢不可擋，晉懷公棄城逃跑，被人刺死，晉國的文武大臣擁立重耳為國君，就是晉文公。

重耳四十三歲起逃難，到此時即位，已經六十二

**小知識**

①**退避三舍**：古時行軍，三十里為一舍。退避三舍，就是後退九十里。

歲了，在外顛沛流離、寄人籬下整整十九年！長期的流亡生活使重耳和他的大臣們磨練了意志，豐富了見識，增長了才幹。重耳即位後，整頓國內政治，發展生產，安定人心，晉國很快強盛起來了。後來北方的狄族攻打洛陽，周天子襄王出逃，晉文公發兵打敗狄人，護送周天子回洛陽，立了一大功。不久，楚國攻打宋國，宋成王向晉國求救，晉文公發兵攻楚，但他遵守退避三舍的諾言，在**城濮**①一地和楚軍對峙時下令軍隊後退九十里，之後猛烈反擊，楚軍大敗，文公又下令放楚軍逃生，不再追擊。就此晉文公的威名遠播，令諸侯敬服。周天子也派使者來獎賞晉文公，慰勞晉軍。晉文公趁此大好機會約請諸侯會面，訂立盟約，被諸侯擁為霸主，稱霸十年。

**小知識**

①**城濮**：衞國地名，今山東省濮縣南。

　　這一章裏有兩個成語是我們現在常用的，但是一般人可能都不知道它們的原意。

# 退避三舍

　　這裏的「舍」不是房舍的意思，而是測量距離的單位，古代行軍一舍即是三十里，三舍就是九十里。本是晉國公子重耳在楚國避難時，應承楚成王說日後若是兩國發生戰事，他將命令晉軍在交戰時向後退九十里，來作為對楚王的報答。

　　現代人們則用於在日常生活中遇到與人有矛盾衝突時，「退避三舍」主動回避，作出讓步，避免衝突。

# 秦晉之好

我們現在常能在一些婚禮的賀辭中見到，祝賀兩家互結「秦晉之好」，即是恭喜兩家聯姻，結為親家，也稱為「秦晉之匹」、「秦晉之偶」、「秦晉之盟」等，出典就在春秋時期秦晉兩國不止一代的互相婚嫁。但在古代，「秦晉之好」往往是一種和婚，是為了雙方修好而結親。

在現代就消失了這個意思，通指兩家的聯姻。

# 20. 秦穆公崤山封屍

秦國本是個西方小國。後來，秦穆公用五張羊皮贖得奴隸百里奚為丞相，在他輔佐下，穆公實行各種改革，發展生產，操練兵馬，打敗了西戎，奪得大片土地。此時秦國實力很強，穆公已具備當霸主的條件。只是秦國在西邊，與中原各國很少往來，不受大家重視，所以暫時沒當成霸主。

晉文公死後，中原沒有了霸主，秦穆公想向東發展勢力，爭取稱霸。

秦國東邊的鄭國以前是投靠晉國的，秦穆公不願跟晉文公撕破臉，所以一直沒有動它。公元前628年，晉文公和鄭文公先後病死，秦穆公使要出兵攻打鄭國。經驗豐富的老臣子蹇叔反對，說鄭國離得遠，行軍路線那麼長，士兵會疲勞不堪，鄭國也有時間作好抵抗的準備，這仗打不得，秦穆公不聽，任命孟明視為大將，蹇叔的兩個兒子西乞術、白乙丙為副將，率領三百輛兵車，於公元前617年偷偷地去攻打鄭國。

蹇叔哭着去為大軍送行。他交給白乙丙一封裝在

袋子裏的**竹簡**①，要他們務必照竹簡上寫的去做。晚上紮好營之後，三位大將打開竹簡，見上面寫道：「這次出征，鄭國並不可怕，可怕的是晉國。晉國的**崤山**②一帶地形險惡，你們經過那裏的時候，千萬要小心。否則，我要到那裏去為你們收屍呢。」他們讀後都覺得蹇叔寫得太過分，未免過於悲觀了。

開往鄭國的路上，秦軍經過滑國國境。這時，忽然有人自稱是鄭國使者弦高，求見將軍。孟明視心中大為一驚：鄭國怎會派使臣到這兒來？怎麼知道我們在這兒？

弦高的確不是什麼使臣，而是鄭國的一個販牛商人。他在路上無意之中聽一位從秦國來的朋友說起，秦國正派三個大將帶兵來攻鄭。這位愛國的商販救國心切，他急中生智，一方面派人抄小路回國去報信，另方面親自帶了十二頭肥牛和四張牛皮來見秦軍。

弦高見了秦將，就說：「我們國君聽說將軍帶兵經過敝國，特意派我來慰勞。」

孟明視叫人收下慰勞品，假意說：「貴國國君新喪，我們國君怕晉國乘機來侵犯你們，叫我帶兵來援助你們，沒有別的用意。」

弦高走後，孟明視就下令改為進攻滑國。西乞術和白乙丙問他為什麼改變計劃，孟明視解釋說：「我們長途跋涉，就是為了出其不意地來個突然襲擊。現在鄭國已經知道了我們出兵的消息，肯定在作防禦的準備，我們再去攻打是會吃虧的。不如攻打滑國，搶些財物回去，也算有個交代，沒白跑一趟。」

　　於是秦軍一舉攻破了滑國，搶掠了大批金銀財寶，啟程回國。歸途中經過崤山，白乙丙記起父親蹇叔的話，便提醒孟明視要多加小心，防備晉軍有埋伏。孟明視還陶醉在勝利的喜悅中，洋洋自得，不把白乙丙的話放在心上。他見山中空無一人，就讓士兵脫下盔甲輕裝前進。

　　晉國早就得到了秦軍前來攻鄭的情報，大將先軫認為這是打擊秦國的好機會，便勸說新即位的晉襄公派

**小知識**

①**竹簡**：戰國至魏晉時代書寫著作和文件的竹片，長二尺四寸，一簡四十字。

②**崤山**：崤，粵音淆。今河南省洛寧縣西北。

兵在崤山攔擊。

崤山形勢險要，晉襄公親自帶兵在最高的山谷中埋伏起來。等秦軍一進入谷中，鼓聲大作，殺聲四起，只見滿山**旌旗**①晃動，晉兵從兩面衝殺過來把秦軍團團圍住，並堵住出口在山谷中放起火來。山谷成了一片火海，秦軍爭相逃命，燒死的、擠死的、踩死的、不計其數。三員大將也成了晉軍的俘虜被押回都城，本打算用他們的頭顱來祭祖，襄公的繼母懷嬴是秦穆公的女兒，勸說襄公別因為這三名敗將而傷了秦晉這兩家親戚的關係，襄公便把二人放了。大將先軫一聽氣壞了，急急派人去追，但孟明視三人剛好坐了船渡過河去。三人回到秦國後穆公非但不怪罪他們，反而讓他們依舊掌握兵權，他們就認真操練軍隊，一心要為國家報仇。

一年以後，孟明視認為可以出兵了，穆公便又讓他們三人率領四百輛兵車去打晉國。沒想到晉國在這一年裏也加緊進行軍事訓練，時刻提防秦軍回來報復，所以秦國剛出兵，晉軍就迎出來；還沒等秦軍站穩腳跟，晉軍就以泰山壓頂之勢衝過來，孟明視又吃了敗仗。

秦穆公仍是沒有辦他的罪。孟明視從兩次失敗中認識到自己在練兵和作戰的方法上都有毛病，於是他變

賣了家產撫恤陣亡將士的家屬以表示對他們的歉意；自己就和士兵生活在一起，研究兵法，披星戴月晝夜苦練。過了兩年，秦軍已成為一支士氣旺盛、兵強馬壯的高素質軍隊了。

公元前624年，秦穆公親自掛帥，出動五百輛兵車，配以精良的兵器，並撥出糧食錢財安頓好士兵的家屬，大軍就浩浩蕩蕩出發了。

大軍渡過黃河後，秦穆公下令把渡船全部燒掉，表示不得勝利決不生還的決心。秦軍士氣高漲，鬥志昂揚，一路上勢如破竹，節節勝利，很快就收復了幾處失地，又攻下了晉國的幾個大城。晉襄公見秦軍勢頭猛烈，就命令軍隊堅守，不許同秦軍交戰。秦軍在晉國土地上耀武揚威，所向無敵。

最後，秦穆公率領大軍到崤山，把三年前陣亡將士的屍骨收拾起來埋在山坡上。穆公穿上喪服親自祭奠

**小知識**

①**旌旗**：古代的一種旗子，旗桿頂上用五色羽毛作裝飾，用以指揮或開道。

了一番，才班師回國。

　　西部小國和西戎各部族見到秦國打敗了中原霸主晉國，便爭先恐後前來朝貢，又有二十多個小國和部族歸附了秦國，秦國擴張了一千多里土地。周襄王也派使臣去賞給秦穆公十二面銅鼓表示祝賀，也就是承認了秦穆公西方霸主的地位。

# 21. 楚莊王一鳴驚人

我們都知道「一鳴驚人」這句成語，常用來形容一些人平時默默無聞，卻突然作出令人震驚的事來，這句成語的出典卻是在楚莊王的身上呢！

秦國打敗晉國後，一連十幾年兩國之間沒有發生戰爭，中原總算太平。這時，南方的大國楚國卻一天天強大起來。

楚國原是江漢流域的一個小國，素被稱為**蠻夷**①。西周時，楚不斷向北發展，併吞了許多姬姓小國，日漸強大。到了春秋時期，楚成王已把中原黃河以南地區變成自己的勢力範圍，並且不斷向北推進。這樣，晉楚兩國就發生了尖銳的利害衝突，戰事頻頻。周襄王二十年發生的城濮之戰中，楚國敗給了晉文公，楚國很不甘

**小知識**

①**蠻夷**：中國古代對南方各族的泛稱，也用以泛指四方的少數民族，帶貶意，指他們開化較遲，各方面較落後於中原地區。

心，繼承王位的楚穆王加緊操練兵馬，發誓要和晉國決一雌雄。

但是，楚穆王突然得暴病死了，他的兒子繼位，就是赫赫有名的楚莊王。

那時，晉國見楚穆王病故，楚國忙於喪事，便趁機把以前被楚國拉過去的陳、鄭等國又拉了回來，並重新會合諸侯，訂立盟約。楚國的大臣們見了很着急，要楚莊王出兵與晉國決戰。

誰知道楚莊王卻每天白天出外打獵，晚上回宮喝酒、聽音樂、看舞蹈，不過問天下大事，什麼報仇、爭霸，全都不放在心上，就這樣糊糊塗塗地過了三年。大臣們去**勸諫**①，他非但不聽，還下令在宮門口掛上一塊大牌子，上面寫着：誰敢勸諫，立即殺頭！

有個叫伍舉的大夫實在看不下去了，冒死來見楚莊王。莊王一手拿酒杯，邊喝邊嚼着鹿肉，醉醺醺地問道：「你要喝酒還是有歌舞？」

伍舉心情沉重地說：「有人讓我猜個謎，我猜不着，大王聰明過人，我想請您猜猜。」

莊王覺得有趣，說：「是什麼謎這麼難猜？你倒說出來聽聽。」

伍舉説：「楚國京城的山上有隻大鳥，五彩繽紛，美好多嬌；可就是整整三年，不飛不叫，滿朝文武，莫名其妙，這是隻什麼鳥呢？」

楚莊王明白他指的是什麼，笑着回答説：「這不是一隻普通的鳥。這隻鳥啊，三年不飛，一飛衝天；三年不鳴，一鳴驚人：你等着看吧！」

伍舉也明白了莊王的意思，高興地向莊王磕了個頭，説：「大王到底英明！」

過了些日子，莊王仍是沒有動靜，照樣享樂。另一個大臣蘇從忍不住了，也去勸諫。

他一進宮門就**嚎啕大哭**②。莊王問他為何這樣傷心，他説：「我傷心是因為我自己就要死去，楚國也即將滅亡了。」

莊王問：「這話怎麼説？」

蘇從説：「我想勸諫您，您會殺我。您整天玩

**小知識**

①**勸諫**：直言規勸，使改正錯誤，一般用於下對上。
②**嚎啕大哭**：放聲大哭，痛哭。

樂，不理朝政，楚國不就要亡了嗎？」

莊王大怒：「你明知我要殺你，還來勸諫，怎麼那樣傻！」

蘇從沉痛地說：「我是傻，可是您比我更傻。您殺了我，我會得到忠臣的美名；您亡了國，將會背上亡國之罪遺臭萬年！我的話說完了，您要殺就殺吧！」

楚莊王激動地站了起來：「大夫的話全是忠言，你們都是真心為國家好，我怎麼不明白呢？」他隨即解散了樂隊，遣回了舞女，決心告別奢華的生活，大幹一番事業。

莊王首先整頓內政，撤掉身邊一批奉承拍馬的小人，把敢於進諫的伍舉、蘇從提拔到重要職位上幫助他處理國事。另一方面擴充軍隊，製造武器、加強訓練。當年就收服了南方許多部落，滅了庸國；第六年打敗了宋國，第八年又打敗了戎族，又在周朝的邊界上閱兵示威，嚇得周天子趕快派人去犒勞他。

這時，楚國的**令尹**①是野心勃勃的斗越椒，他乘莊王伐戎不在王宮，要帶兵造反，莊王回來鎮壓了叛亂，任用一位有名的隱士孫叔敖為令尹。孫叔敖組織人力開墾荒地、挖掘河道，發展農業生產，沒幾年功夫楚國就

更富強了。

　　公元前597年，楚國和晉國大戰於邲地，晉軍從沒這麼慘敗過，一半人馬戰死，一半在搶着渡河時踩死溺死，全軍覆沒。

　　從此，這位一鳴驚人的楚莊王就成了霸主。

**小知識**

①**令尹**：春秋戰國時代楚國所設的官名，是楚國的最高官職，掌軍政大權，相當於別國的相國、丞相。

# 22. 晏子使楚

古今中外各國的歷史中，出現過一些傑出的外交人才。他們有着過人的聰明才智和膽識，以及能言善辯的急才，面對一些不懷好意的挑釁，能言正詞嚴地給予針鋒相對的回擊，以維護國家和人民的利益。兩千多年前，在中國就曾經出現過這樣一位令人折服的優秀外交家——晏子。

楚國稱霸後，諸侯各國紛紛前來**進貢**①朝拜，齊景公派出上大夫晏嬰出使楚國，為兩國修好。

楚國當時的國君是楚靈王，他專橫跋扈，目空一切，不把中原國家放在眼裏。聽說齊國使者來訪，靈王便召集大臣商量對策說：「晏嬰身高不足五尺，其貌不揚，但以賢良聞名。今天我想侮辱他一頓來顯顯楚國的威風，你們有什麼妙計？」

**小知識**

①**進貢**：封建時代藩屬對宗主國，或臣民對君主呈獻禮品。

太宰説：「晏嬰善於應對，只準備一件事是不夠的，必須如此如此……」

這天，晏子乘車來到楚國都城門口，見城門不開，就喚人叫門。守門人指着城門旁一個剛挖好的洞説：「大夫從這洞進去綽綽有餘了，何必用門呢？」

晏子冷冷地答道：「這是狗洞，不是城門。我要是來狗國，就鑽狗洞；我來訪的如果是人國，就應當從城門進。」衛兵飛報靈王，靈王歎道：「我想戲弄他，反而被他戲弄了。」便下令開城門請晏子進城。

進城後，忽見從大街上開過來兩輛車，車上站滿了魁梧高大的漢子，個個身披盔甲，手握大弓**長戟**①，如同天神一般，説是來迎接晏子的，其實靈王是要用這些大漢來襯托晏子的矮小。晏子説：「今天我是來同貴國修好的，又不是來打仗，用這些武士做什麼？」就把他們叱退了。

**小知識**

①**長戟**：古代兵器，在長柄一端裝有青銅或鐵製的槍尖，旁邊附有月牙形鋒刃。

在朝堂上，靈王接見了晏子。他一見晏子便故意裝出一副驚訝的樣子説：「難道齊國沒有人了嗎？」

晏子答道：「齊國人多得很呢！街上的人所呼出的氣就能成雲，所揮的汗就能成雨；一年到頭路上行人總是肩膀擦肩膀，腳跟碰腳跟，怎麼能説齊國沒有人呢？」

靈王説：「那為什麼派你這麼一個矮小的人來呢？」

晏子雙手叉腰，一字一板地説：「既然大王問起，我就照實説吧。我國有個規矩：訪問上等國家，要派上等人去；訪問下等國家，就派下等人去。大人出使大國，小人出使小國。我是小人，最沒出息，就派我來楚國了。」説完，裝着自嘲似地哈哈大笑。靈王為他的機智暗暗感到吃驚，只得無奈地陪着乾笑了幾聲。

這時，有人獻上一盤橘子，靈王就遞一個給晏子，晏子接過來後連着橘皮就吃了起來。霸王拍手大笑：「齊國人沒吃過橘子嗎？怎麼不剝皮？」

晏子對答説：「人們常説，凡是國君賜食的，進食時瓜果不能削皮，柑橘不能剝皮。今天承蒙大王賜我食橘，就好比是我的國君賜食。大王沒有命令我剝皮，

我怎能不全吃下去呢?」靈王聽後對他肅然起敬,請他坐下一起喝酒。

席間,武士們拉着一個囚犯從殿下走過。靈王問:「這犯人是哪兒人?犯了什麼罪?」

武士回答說:「是個盜賊,齊國人!」

靈王嘻嘻地笑着對晏子說:「齊國人都習慣偷盜嗎?」大臣們也都得意地笑了起來。

晏子從席上站了起來,嚴肅地對靈王和大臣們說:「人們常說橘子長在淮河以南,果實又甜又大;把它移栽到淮河以北,果實就成了又酸又小的枳。為什麼呢?因為水土不同。同樣的道理,齊人在齊國不偷盜,到了楚國卻偷起來了,這是楚國的水土問題造成的,與齊國又有什麼關係呢?」靈王無話可說,只得向晏子賠不是說:「我本來想取笑大夫,想不到反被大夫取笑了。是我不好,請別見怪。」於是贈送了厚禮給他。楚國的大臣們都覺得自己不是晏子的對手,對他十分敬佩。

晏子回齊國後,齊景公為了表彰他屢勝強楚之功,要尊他為**上相**①,賜給他名貴的皮裘,還要封地給他,但是晏子一樣也不接受。景公欽佩晏子之忠厚,更重用他了。晏子此次楚國之行不僅大減楚國威風,大長

齊國的志氣，而且為景公提供了一些重要的情況。不久，景公對楚國發動進攻，取得很大的勝利。

**小知識**

①上相：宰相的尊稱，居首位的宰相。

　　「晏子使楚」是一個很有名的歷史故事，講述齊國出色的外交家晏子如何不卑不亢，從容應對企圖侮辱他的楚靈王，維護了國家與個人的尊嚴。故事裏面有些成語是我們應該瞭解和學習運用的。

　　晏子在回答楚靈王「難道齊國沒有人了嗎？」的挑釁性問題時說：「齊國人多得很呢！街上的人呼出的氣就能成雲，所揮的汗就能成雨；一年到頭路上行人總是肩膀擦肩膀，腳跟碰腳跟……」這段話日後成為形容人多擁擠的兩句成語：「揮汗成雨」和「摩肩接踵」。

## 揮汗成雨

　　「揮汗成雨」的本意是街上人多，大家用手抹汗，灑出去就像下雨一樣，但現在也用來形容一個人出汗很多。

# 摩肩接踵

「摩肩接踵」的原文是「肩摩轂擊」，形容路上人多車多，人們的肩膀相摩，走路差不多緊挨着，車輪與車輪相撞。但因為「轂擊」這個詞不太通俗，就演化為「摩肩接踵」。

# 橘化為枳

另一處就是楚靈王故意以一名齊人盜賊來譏諷齊國人，晏子則以生長在淮南的柑橘移到淮北就變成又酸又小的枳，反擊說一個人在壞的環境裏也會隨之受影響而變壞。這段話流傳下來的成語就是「橘化為枳」，說明生活環境會影響人們的成長。

# 23. 伍子胥過關

你聽說過人的頭髮在一夜之間會變白的事嗎？信不信由你，但這故事卻是兩千多年前就在中國流傳了下來……

公元前546年，由宋國大夫出面調停，晉、楚等國在宋國舉行了「弭兵①會議」，晉楚兩國大夫代表南北十幾個國家講了和，訂了盟約。此後五十多年中，這些國家之間的確沒有發生過大的戰爭，晉楚爭霸的局面也接近尾聲。

此時，在長江下游卻有吳國和越國先後崛起，這裏我們先說說吳國的故事。

吳國佔有現在江南的蘇浙一帶，它本是楚國的屬國，春秋後期才漸漸強盛起來，曾攻破強大的楚國，又戰勝了在它南面的越國，稱霸中原。創立霸權的是吳王

**小知識**

①**弭兵**：弭，平息、消滅之意。弭兵平息戰爭，休戰的意思。

闔閭和他的兒子夫差，他們手下有文武兩大名將：伍子胥和孫武。

伍子胥本是楚國人，他怎麼成了吳國的重臣，幫助吳王打敗楚國呢？這裏有一段曲折的故事：

楚國的王位傳到莊王的孫子楚平王時，國勢已漸衰落了，平王卻又偏信一個叫費無極的奸臣，這傢伙專會**溜鬚拍馬**①，常常出壞主意。

首先，費無極慫恿平王娶了秦哀公的妹妹，美貌的孟嬴——本來秦王是把她許配給楚平王的兒子，太子建的。費無極擔心太子建知道這事後會找他算賬，便又在平王前挑撥説太子建正在招兵買馬準備回來報仇。平王把太子建的老師伍奢召來責問，伍奢就是當年勸諫楚莊王的伍舉的後代，他為人耿直，責備平王不該聽信小人饞言，平王一怒之下把他抓進了監獄。費無極又唆使平王派人去殺太子建，並逼伍奢寫信給兒子伍尚和伍

員（即伍子胥），想把他們叫回來後一起殺掉，斬草除根。

太子建聽到這消息後立即逃到宋國去了。伍尚回到郢都，與父親伍奢一起被平王殺害，伍子胥從楚國逃到宋國，找到了太子建。不巧宋國正好有內亂，楚國要派兵來干涉，太子建和伍子胥趕快逃到鄭國，想請鄭王幫他們報仇，鄭定公沒同意，太子建竟勾結晉國想篡奪鄭定公的大權，被鄭定公殺了。伍子胥只好帶着太子建的兒子公子勝逃出鄭國，去投奔吳國。

楚平王早就下令懸賞捉拿伍子胥，叫人畫了他的像，掛在各地城門口，囑咐各地官吏嚴加盤查。伍子胥帶着公子勝一路躲逃，既怕鄭國人來追，又怕楚人來捉，只好白天藏在深山裏，夜晚趕路。走了十幾天，來到了楚國和吳國交界的**昭關**①，這裏是設在兩座山之間的一處險關，過了關就到了吳國，所以楚平王派大將在此守候，誰要過關，都得把他和伍子胥的畫像對照一

**小知識**

①**昭關**：今安徽省含山縣西北。

下，不讓伍子胥混過去。真像是鋪下了天羅地網，插翅難飛。伍子胥和公子勝在昭關附近停了好幾天，眼望着昭關就是過不去，伍子胥焦慮過度，一夜之間竟然愁白了頭髮和鬍子！

後來幸虧伍子胥遇到一個好心人東皋公，他很同情伍子胥的遭遇，為他想了一條計策：他找了一個相貌酷似伍子胥的友人，讓他冒充伍子胥過關。守衛的將士以為抓到了伍子胥，高興地押着去邀功，就放鬆了檢查，加上伍子胥白了頭髮，不仔細看還真認不出來，就順利地混在人羣中過了關。

伍子胥到了吳國，協助公子光即位，就是吳王闔閭。闔閭封伍子胥為大夫，幫助處理國事；又用了將軍孫武整頓兵馬，吳國大為強盛，很快便兼併了附近幾個小國。公元前506年闔閭親自率領大軍向楚國進攻，連戰連勝，一直打到郢都。那時，楚平王已死去，昭王也逃走了。伍子胥恨透了楚平王，找到他的墳地刨平了墓，把平王的屍首挖出來用鋼鞭狠狠地鞭打了三百下，這才稍稍平息了心中多年的仇恨。

後來秦哀公派兵救楚國，擊敗了吳軍，吳王闔閭才撤兵回國。

# 24. 孫武練女兵

你知道嗎？「孫子兵法」是中國及世界上現存最古老的兵書，歷代君主及軍事家都學習過，運用它來指揮戰爭、治理國事。到如今，在世界各地，仍有不少人在研究這部奇書。你一定想知道這部對人類影響深遠的兵書的作者是誰吧？他就是春秋時期的大軍事家孫武。

說起這位大軍事家，倒還有一段他親自出馬訓練**紅妝**①女兵的趣事呢。

孫武本是齊國人，因避難來到吳國，隱居在山中。此時，吳王闔閭想伐楚稱霸，雖已有伍子胥為大夫整頓內政，但仍缺少一位軍事上的領導人才。伍子胥看出吳王的心思，便向他推薦孫武，說孫武精通**韜略**②，

**小知識**

①**紅妝**：婦女的紅色裝飾，泛指的艷麗裝束，用以統稱青年婦女。

②**韜略**：韜，原意為弓或劍的套子。「六韜」、「三略」都是古代的兵書，後來就稱用兵的計謀為韜略。

自著兵法十三篇，在軍事上很有獨到的見解，若是能請他當軍師，吳軍將無敵於天下。闔閭大喜，便讓伍子胥帶着黃金白璧，到山上去請孫武下來。

孫武見闔閭誠心請他出力，便隨伍子胥出山來見闔閭。闔閭走下台階來迎接他，隨即一起坐下談兵法。孫武先獻上他自己所寫的十三篇，闔閭命伍子胥從頭到尾朗讀一遍，邊聽邊點頭讚許。聽完後闔閭説：「先生真是通天奇才啊！但是我國兵力弱小，應該怎麼做呢？」

孫武説：「我的這部兵法不單可以用來訓練軍隊，甚至是婦人女子，只要用我的辦法來訓練，也可以練出來派用場。」

闔閭笑而不信，孫武就要求吳王讓他試試。

闔閭就召來宮女三百人，交給孫武去操練，他自己就坐在台上觀看。

孫武把這些宮女分成兩隊，讓闔閭最寵愛的兩個宮女分別擔任兩隊隊長，宣布了軍法三條，約定次日在教場操練。

第二日兩隊宮女都來到教場，一個個身披**甲冑**①，頭戴**兜鍪**②，右手拿劍，左手握盾，十分威武。孫武把號令交代清楚：兩隊要伏地聽令，鼓聲響一遍時，兩隊

站起來；鼓聲響兩遍時，左隊轉右，右隊轉左；鼓聲響三遍時，都要擺出刺劍作戰的樣子。然後孫武讓人把斧鉞等兵器放在陣前，三令五申：如果不聽號令，就要遭到軍法處分。

▲ 兜鍪

操練開始，響起第一陣鼓，這些平日輕歌曼舞的宮女哪習慣這種死板的操練？一個個嘻嘻哈哈，七扭八歪，一副亂哄哄的樣子。孫武說：「號令沒說清楚，動作沒講明白，所以你們操練不好，這不能怪你們，是我做主將的責任。」於是他把規定的號令又反覆講了幾遍，傳令擊鼓。誰知宮女們仍是亂七八糟，哄笑聲一片。孫武大怒，高聲說：「先前，沒有把號令講清，你們也不熟練，那是我主將的責任；現在，號令已交代清楚，你們不按號令去做，那就是你們的責任了。依據軍法，應該處罰你們的隊

**小知識**
①甲冑：冑，粵音袖。古代戰士用的鎧甲。
②兜鍪：鍪，粵音謀。古代作戰時戴的頭盔。

長!」於是，他下令把左右兩個隊長捆綁起來斬首。

闔閭一見孫武要斬那兩個寵愛的宮女，大吃一驚，連忙派人傳令說：「大王已經知道將軍是善於用兵的了。但這兩個宮女萬萬殺不得，沒有她們服侍，大王連飯也吃不下的！」孫武說：「我已接受大王任命當了主將，軍中無戲言，軍法如山，不然怎能令眾人信服呢？」於是下令把兩個女隊長斬首，又指派了另外兩位隊長，重新開始操練。宮女們嚇得個個花容失色，這下連大氣也不敢出，都聚精會神地按着鼓聲操練，或左或右，或前或後，一點差錯也沒有。

練完後孫武向闔閭報告說：「兵已操練好，大王可以使用她們了，這支軍隊現在能服從您的任何命令，即使赴湯蹈火也不會退縮。」

闔閭心痛失去兩位美女，有點不想用孫武的意思。伍子胥勸他不能為了美人而失去良將。闔閭醒悟，任命孫武為上將軍統率軍隊，後來取得了伐楚的勝利。凱旋歸來後，孫武不願做官，回鄉隱居了。他為後人留下的這部「孫子兵法」是一部傑出的軍事著作，十七世紀以來被譯成日、英、法、德、捷、俄等國文字，在世界上影響很大，孫武被西方軍事學家尊稱為「東方兵聖」。

# 25. 吳越爭霸

吳王闔閭打敗了強大的楚國之後，一心想向中原地區擴展勢力，當諸侯的領袖。但是，處在它南面的越國也漸漸強盛起來，開始對吳國造成了威脅。越國當時的國力遠不如吳國，闔閭打算在北上爭霸之前先征服它。就此展開了吳越兩國之間長達十數年的爭霸戰。

公元前496年，越王允常死了，勾踐繼位當了國君，闔閭認為時機已到，便不顧伍子胥反對，親自帶兵進攻越國。

吳越兩軍在**檇李**①一地對壘。越王勾踐看到吳軍陣容嚴整，無法突破，就先派敢死隊衝上去進行試探性的攻擊，可是敢死隊的士兵兩次都被吳軍俘虜了，吳軍陣地仍是巍然不動。勾踐感到要破吳軍不能強攻，要用智取。於是他心生一計：強令一批被判死刑的囚犯排成三行，脖子上架着寶劍，來到吳軍陣前高喊：「我們犯了軍令，不配當軍人，願以死贖罪。」然後一齊自刎了。這可怕的怪事使吳軍將士大為震驚，他們看呆了，放鬆了警惕，這時越軍出其不意發起襲擊，吳軍被打得措手不及，全線崩潰，闔閭也受了傷。

這次意料之外的失敗給吳王闔閭打擊很大，再加上他年事已老，又受重傷，所以死在回國途中。臨死前他囑咐兒子夫差要替他報仇。為了鞭策自己，夫差派人站在宮殿門口，每次出入，讓他們厲聲問道：「夫差！你忘記越王殺死了你的父親嗎？」夫差回答說：「不，我不敢忘記！」他日夜加緊練兵，等三年**服喪**②完畢後，便派伍子胥出任大將，伯嚭為副將，帶領軍隊攻越。

　　越王勾踐與大臣們商量對策。大夫范蠡認為吳軍經三年操練，兵強馬壯，要避開它的鋒芒，不宜硬碰。另一位大夫文種也認為應暫時求和，讓吳國退了兵再說。勾踐認為不出兵會給人笑話，親自率兵迎敵。

　　這次打的是水戰。夫差站在船頭親自擂鼓助戰，吳軍乘風順水而下，箭像雨點般射向越國兵船。越軍逆水而行，完全處於被動挨打地位，死傷無數。勾踐只得

**小知識**

①**檇李**：今浙江省嘉興縣西南。
②**服喪**：自己的長輩或平輩親屬死後，遵照禮俗，在一定時期內帶孝，表示哀悼。

棄船上岸，帶着殘兵敗將五千人退到**會稽**①山上躲了起來。吳兵乘勝追擊，包圍了會稽。

勾踐見大勢已去，只得派文種去向夫差求和，表示願意投降，接受稱臣為奴的屈辱條件。伍子胥堅決反對講和，主張趁機滅掉越國，以除後患。文種打聽到伯韶是個好色貪財的人，便私下送了他一批美女和珍寶，請他在吳王面前講講好話。伯韶果然勸説夫差接受了越國的投降，條件是要勾踐親自到吳國去伺侯吳王。

吳國撤兵後，勾踐帶着妻子和范蠡來到吳國服勞役。夫差讓他們住在闔閭墓旁的一間石屋裏，叫勾踐為他餵馬，范蠡也跟着當奴僕。夫差每次坐車出門，勾踐就為他拉馬。夫差見他們穿的是破衣爛衫，吃的是**糟糠**②野菜，整日打草砍柴、看馬餵食，安分守己，毫無怨言，便以為他們的鬥志已被磨蝕掉了，不再提防他們，三年以後便放他們回國。

勾踐回國以後，立志發憤圖強，報仇雪恨。他唯

**小知識**

①**會稽**：今浙江省紹興縣東南。
②**糟糠**：酒糟、米糠等粗劣食物，舊時窮人用以充饑。

恐眼前的安逸生活會消磨掉鬥志，便特意給自己安排了一個艱苦的生活環境。他撤掉舒適的牀鋪，晚上睡在稻草堆上，枕戈而臥。他還在屋裏掛了一隻苦膽，吃飯的時候先嘗嘗膽的苦味，問自己：「你忘了會稽之圍的恥辱嗎？」這就是後人傳誦的「臥薪嘗膽」的故事。

同時，勾踐夫婦還親自參加耕種和織布，來鼓勵發展生產。全國上下齊心合力，終於使越國轉弱為強。而吳王夫差卻因戰勝了越國而驕傲起來，一味貪圖享樂。越王勾踐派人物色到美女西施送給他，又送去上好木料給他修建宮殿，想盡辦法討得夫差的歡心，取得他的信任，使他對越國放鬆警惕。伍子胥見國家危急，一再勸阻，昏庸的夫差非但不聽忠言，反而聽信了奸臣伯韶的讒言，竟賜劍給伍子胥，逼他自殺了。

公元前482年，吳王夫差伐齊大勝，約會諸侯，當上了盟主。正在得意之時，勾踐乘虛而入，率領五萬大軍攻進吳國國都姑蘇，活捉太子。夫差急忙求和。四年後，準備充足的越軍再次大規模進攻吳國，包圍了吳都。夫差走投無路，悔不當初，拔劍自殺了。

勾踐滅了吳國，北渡淮河約會中原諸侯，成為又一霸主。

# 26. 大教育家孔子

古時候的**私塾**①學堂裏，都掛着孔子的畫像，尊他為至聖先師，凡是新學生入學，一定要點起香燭來先敬拜孔子再拜老師。為什麼後人這麼尊敬他呢？孔子究竟是什麼人呢？

孔子姓孔名丘，字仲尼，是春秋時代魯國人。他是中國古代的大思想家與大教育家，是**儒家**②學派的創始人。後人尊稱他為「孔子」，「子」是先生的意思。

孔子小時候家裏很窮，三歲時父親就死去，孔子與母親相依為命。他喜歡讀書，十五歲時立志向學，飽覽羣書，尊崇周禮，二十歲時已很有名氣了。為維持生計，他曾做過管理糧倉和牲畜的小官「委史」和「乘田」，官職雖小，他卻勤勤懇懇，做得很好。

**小知識**

①**私塾**：舊時家庭、宗族或教師自己設立的教學處所。
②**儒家**：先秦時期的一個思想流派，以孔子為代表，主張禮治，強調傳統的倫常關係等。從南北朝開始叫儒教。

孔子三十歲時，魯王昭公見他勤奮好學，派他到洛陽去考察周朝的禮儀和音樂。回國後他的學問更好了，成為一個知書達禮的人物，許多人慕名前來，向他學習禮儀。

孔子是個很有抱負的人。他主張恢復周禮，以維護社會安定，鞏固王室統治。本來他想把自己的抱負在魯國實現，將魯國建成繁榮富強的國家。可惜當時魯國政治混亂，朝廷沒有遠見，不重用孔子。孔子就以教書為生，直到五十多歲才做魯國**大司寇**①，主管司法。他用仁德感化人民，用禮儀教導人民，結果魯國大治，不到三年，已使魯國社會呈現一片祥和安樂的氣象。但後來魯定公貪圖享樂，不理朝政，孔子很失望，就領着一批學生離開魯國，開始周遊列國，尋找賢君推行他以禮治國的政治主張。

孔子曾到過衞國、晉國、曹國、宋國、陳國、楚國，都去拜見過各國國君，但沒受到重用。因為春秋時期各國國君眼光短淺，心胸狹窄，忙於混戰奪霸權，不認識孔子的理想和抱負。有些國君雖然曾留用過孔子，但是一旦孔子發現他們沒有實行仁政的誠意，就立即**掛冠**②而去。有一次，孔子和他的弟子一行人幾乎餓死在陳國，但他仍不放棄尋找仁君。他曾開玩笑地說：「我

要出售我自己啊，有哪位君子高人要買呢？」這話正是孔子懷才不遇的寫照。

孔子在外四處奔波十五年，碰了很多次釘子，受到一些冷言冷語的譏笑，但沒有一個國君接受他所宣傳的恢復周初禮樂制度的一套主張。公元前484年，孔子回到魯國，開始編書和講道授業的教學生涯，他要把仁道的主張教導給老百姓。

孔子先後收了三千多個門徒，身通**六藝**③的有七十二人。他們都能遵奉孔子的教誨，傳播孔子的思想，漸漸形成儒家學派，使中國五千年文化得以繼承並發揚光大。

孔子主張「**有教無類**④」，使人人有機會接受教

**小知識**

①**大司寇**：刑部尚書的別稱，掌管刑獄、糾察等事。

②**掛冠**：辭官的意思。古代官吏要佩戴專有的冠帶，不再做官就要脫下冠帶。

③**六藝**：古代學校的教育內容，即禮（禮節）、樂（音樂）、射（射箭）、御（駕車）、書（寫字）、數（算數）。

④**有教無類**：指招收學生沒有門第、等級的限制。

育；而且着重啟發式的教育，他認為**觸類旁通**①、舉一反三是最理想的教學方法。他和學生相處時親切和藹、輕鬆自然，在問答的形式中談論詩、書、禮、樂，闡述自己的主張。《論語》就是記錄了孔子和弟子及當世人的對話，以及弟子間談話的一本書，書中句句含意深遠，對人們的修身養性、求學處世很有幫助。

這時的孔子除了教育學生外，又編了很多古代的文化典籍，如「**詩經**②」、「**尚書**③」、「**春秋**④」等。此外，贊周易、定禮樂等，也都是這時做的工作。孔子的人格經長時間的修養，已達聖賢的境界。「仁」是孔子理想中做人的最高準則，也是孔子思想的中心。他認為：「人如果無仁的話，就不能稱為君子。」、「約束自己的行為使合乎禮就是仁。」、「仁就是愛人，只有仁者能夠愛人，也能夠憎惡人。」

**小知識**

①**觸類旁通**：掌握了關於某一事物的知識，而推知同類中其他事物。

②**詩經**：中國最早的詩歌總集，本只稱「詩」，儒家列為經典之一，故稱「詩經」。春秋時代孔子編集，共 305 篇周初至春秋中期的詩作。

③**尚書**：也稱「書」、「書經」，儒家經典之一。「尚」即「上」，意為上代以來之書。是中國上古歷史文件和部分追述古代事跡著作的匯編，相傳由孔子編選而成。

④**春秋**：儒家經典之一，相傳孔子依據魯國史官所編「春秋」加以整理修訂而成，記載魯隱公至魯哀公（公元前 722 至前 481）共 242 年間各國史事，是我國第一部編年體史書。

孔子的政治抱負雖然沒有實現，但他教育了很多學生，戰國時期的孟子被認為是孔子學說的繼承人，孔孟思想對中國幾千年的文化有很大的影響。歷來賢明的從政者都是奉行孔孟的仁道，把國家治理得井然有序。中國的世世代代炎黃子孫都是在孔孟儒家思想的傳統下生活着，中國人的政治組織、社會形態、道德觀念和人生理想無不受到孔孟學說的影響。孔子被尊為萬世師表，是中國歷史上最偉大的哲學家和教育家。

公元前479年2月18日，七十三歲的孔子病逝，葬在魯城北方的泗水道。子貢為他守墓達六年之久。後來有很多人家陸續搬到那兒去居住，形成了一個村子，叫「孔里」。每年的孔子誕辰和逝世日，都有很多人到孔墓去祭祀。

▶ 孔子像

▲ 位於山東曲阜的
孔廟，是祭祀孔
子的本廟。

孔子的儒家文化是中華傳統文化的核心，但是歷史上一直存在着尊孔與反孔的鬥爭，情況到底是怎樣的呢？

在中國歷史上，如何看待孔子以及他所創立的儒家學說，一直存在着尊孔和反孔對立的兩派。尊孔的長期處於主流思想體系，是官方意識形態的體現。反孔的最早是以商鞅、韓非為代表的法家，後來的秦始皇、朱元璋，以及歷朝歷代的造反者，都是有變革意識的人，大多是激進分子，不滿現狀，要求社會變革，要推翻以儒家思想來鞏固自身權力地位和既得利益的統治者。

歷史學家金景芳先生曾在一篇文章中說到：「一般說，凡是治世都尊孔，凡是亂世都反孔。」因為孔子的學說有利於維護社會安定秩序，不利於破壞舊秩序、建立新秩序。有人就把這層意思歸納為幾句很有意思的話：治尊孔，亂反孔；老尊孔，少反孔；文尊孔，武反孔；上尊孔，下反孔。回顧中國的歷史進程，這個結論還是很有道理的。

自從 1840 年鴉片戰爭之後，社會經歷了劇烈的動盪，尊孔與反孔不僅是學術上的爭論，而且牽涉到各個階層的政治經濟利益。近代的尊孔派主要有：清政府、北洋軍閥、孔教會、國民黨。反孔派則是：太平天國、晚清的一些啓蒙思

想家梁啓超、章太炎等人，認為尊孔奉儒是一種愚民的辦法。民國初期的短命總統袁世凱曾經把尊孔復儒推向高峯，並成立以康有為當會長的孔教會。但是1915年以陳獨秀為首的新文化運動興起，掀起了反孔高潮，提出「打倒孔家店」的口號，大文學家魯迅也曾對儒學提出了尖銳的批評。但是到了國民黨統治時期，政府又開始提倡儒學，要人們尊孔讀經，重修孔廟，以孔子誕辰為「國定紀念日」。

中華人民共和國成立後，政府基本上是尊孔復儒，尊崇孔子的精闢儒家思想和教育精神，並在世界各地設立了數百家「孔子學院」，推崇孔子思想，倡導中國傳統文化。但社會上也有一種思潮，認為孔子代表奴隸主、舊貴族的觀點和利益，其思想中有宣傳封建倫理的糟粕。至於上世紀七十年代在文化大革命中的批林（林彪）批孔運動，則是一些別有用心的政治家發起的一場政治鬥爭，當時中國各地的孔廟和文物古跡遭到很大破壞，儒家思想的學術發展工作也受到阻礙。目前尊孔再次成為社會主流，每年在孔子家鄉舉行祭孔大典，召開紀年孔子誕辰的國際學術研討會等，儒家強調的忠孝仁愛、安定團結有助於建立國民道德規範、整治社會秩序、維護國家和諧穩定。

# 大事表

| 三皇時代 | |
|---|---|
| 有巢氏 | 構木為巢，從野宿到樹居。 |
| 燧人氏 | 鑽木取火，學會人工取火。 |
| 伏羲氏 | 教民畜牧，開始漁獵畜牧。 |
| 神農氏 | 教民耕作，發展原始農業。 |
| 約公元前4000年 | 仰韶文化 |
| 五帝時代 | |
| 約公元前2800年 | 新石器時代晚期龍山文化。 |
| 約公元前2700年 | 黃帝戰勝蚩尤和炎帝，被推為部族聯盟共主。 |
| 約公元前2400年 | 堯即天子位，勤政愛民，晚年禪讓給舜。 |
| 約公元前2300年 | 舜即位，勤政愛民，晚年禪讓給禹。 |
| 約公元前2200年 | 禹治服洪水，繼舜位。 |

| 夏朝 | |
|---|---|
| 約公元前2070年 | 禹之子啟即位，建夏朝，世襲王朝出現。 |
| 約公元前2000年 | 少康復國。 |
| 約公元前1600年 | 夏桀無道，被商湯放逐，夏朝亡。 |
| 商 | |
| 公元前1600年 | 商湯滅夏，建立商朝，信史時期開始。 |
| 公元前1600至1046年間 | 伊尹放逐太甲，代理國政。三年後太甲悔改，復位成賢君。 |
| | 商王盤庚遷都於殷，自此稱殷商。 |
| | 周族西遷形成小國，姬昌覓得姜太公為相，國勢漸漸強大。黃河下游城市文明興起。 |
| 西周 | |
| 公元前1046年 | 商紂無道，周國姬發伐商，紂王自焚死，商朝亡。姬發建周朝，即武王，西周開始，第一次分封諸侯。 |
| 公元前1042年 | 武王病死，成王即位，周公旦攝政。 |
| 公元前1040年 | 周公旦東征平定叛亂，遷都洛邑。第二次分封，制定宗法制度、井田制度。 |

注：有關夏商周的年代考證，歷史學家尚未有統一說法。

| | |
|---|---|
| 公元前1036年 | 周公旦交權與成王，三十多年後康王繼位，是為成康之治的全盛時期。 |
| 公元前781年 | 周宣王死，幽王即位。 |
| 公元前771年<br>（幽王十一年） | 西戎攻鎬京，幽王被殺，西周亡。 |

## 東周（春秋時代）

| | |
|---|---|
| 公元前770年<br>（周平王元年） | 周平王東遷洛邑，東周時代開始。 |
| 公元前722年<br>（周平王四十八年） | 孔子修訂的史書《春秋》由本年開始記事，春秋時代開始。 |
| 公元前679年<br>（周釐王三年） | 齊桓公稱霸。 |
| 公元前651年<br>（周襄王元年） | 齊桓公葵丘會盟，完成霸業。 |
| 公元前643年<br>（周襄王九年） | 宋襄公迎接公子昭即位，稱霸一時。 |
| 公元前636年<br>（周襄王十六年） | 公子重耳流亡十九年後回國即位，即晉文公。 |
| 公元前632年<br>（周襄王二十年） | 楚晉城濮之戰，晉文公會盟稱霸。 |
| 公元前624年<br>（周襄王二十八年） | 秦穆公打敗晉國，稱霸西戎。 |

| 公元前597年<br>（周定王十年） | 楚莊王一鳴驚人，稱霸中原。 |
|---|---|
| 公元前579年<br>（周簡王七年） | 晉楚第一次「弭兵」之會。 |
| 公元前546年<br>（周靈王二十六年） | 晉楚等國第二次「弭兵」之會。 |
| 公元前496年<br>（周敬王二十四年） | 越王勾踐即位，大敗吳王。 |
| 公元前494年<br>（周敬王二十六年） | 吳王夫差打敗越王。 |
| 公元前473年<br>（周元王四年） | 越王勾踐臥薪嘗膽，發憤圖強後滅吳國。時代結束。 |

# 中國人的故事 （共6冊）

## 學習名人品德與精神　幫助孩子步向成功

### 56位中國古今名人的成功故事

適讀年齡
**9 歲或以上**

榮獲第二十七屆
冰心兒童圖書獎

獎

名醫和藥學家的
**高明**

領袖和改革家的
**視野**

發明家和工程師的
**努力**

詩人和小說家的
**才華**

將軍和兵法家的
**勇謀**

現代科學家的
**毅力**

# 系列特色

## 擴闊孩子視野

讓讀者了解中國六大範疇的發展與成就，六大範疇包括：政治、發明、科學、軍事、醫學、文學。

## 了解名人故事

講述古今中國共 56 位在不同範疇有非凡成就的佼佼者的故事，學習他們成功背後的秘訣。

## 學習提升自我

透過名人的故事，培養孩子的品德，學習精益求精、堅毅不屈的精神，幫助孩子步向成功。

## 內容程度適中

用字淺白，配以精美插圖，符合高小學生的閱讀能力，並能提升閱讀興趣。

中國歷史之旅（二版）

# 從遠古至春秋

作　　者：宋詒瑞
繪　　圖：野　人
責任編輯：趙慧雅
美術設計：李成宇
出　　版：新雅文化事業有限公司
　　　　　香港英皇道 499 號北角工業大廈 18 樓
　　　　　電話：(852) 2138 7998
　　　　　傳真：(852) 2597 4003
　　　　　網址：http://www.sunya.com.hk
　　　　　電郵：marketing@sunya.com.hk
發　　行：香港聯合書刊物流有限公司
　　　　　香港荃灣德士古道 220-248 號荃灣工業中心 16 樓
　　　　　電話：(852) 2150 2100
　　　　　傳真：(852) 2407 3062
　　　　　電郵：info@suplogistics.com.hk
印　　刷：美雅印刷製本有限公司
　　　　　九龍觀塘榮業街 6 號海濱工業大廈 4 字樓 A 室
版　　次：二〇一七年十月二版
　　　　　二〇二一年六月第三次印刷

ISBN: 978-962-08-6894-8
18/F, North Point Industrial Building, 499 King's Road, Hong Kong
Published and printed in Hong Kong